VIKTORIA SARINA

CREAMY, CRUNCHY, LECKER

Neue bunte Lieblingsrezepte

Spring in eine Pfütze!

Creamy, crunchy, lecker

Neue bunte Lieblingsrezepte

VikotriaSarina

Community EDITIONS

INHALT

Vorwort

Dieses Koch- und Backbuch widmen wir allen Naschkatzen und Snacktigern da draußen. Rezepte sollen ja immer einfach und trotzdem besonders sein – nicht nur lecker schmecken, sondern auch noch gut aussehen. Gar nicht so easy, solche zu finden.

Aber dieses Buch ist voll davon!

Außerdem haben wir noch viele Tipps, Tricks und Inspirationen, um in der Küche zu glänzen. Jetzt bist du dran! Egal, ob du noch am Anfang deiner Back- und Kochkarriere stehst oder schon ein bisschen geübter bist – hab keine Angst, dass etwas schiefgehen könnte. Fehler passieren, um aus ihnen zu lernen. Und wir wissen alle: Nur die Übung macht den Meister.

Pro-Tipp: Kochen und Backen macht gemeinsam noch viel mehr Spaß. Deshalb gibt es in diesem Buch ein ganz besonderes Kapitel: »GEMEINSAM KOCHEN«. Darin werden die Anleitungen Schritt für Schritt zum Kochen im Zweierteam erklärt.

Viel Spaß beim Ausprobieren, Nachmachen und Selbstkreieren. Das wird creamy, crunchy und ganz besonders lecker. Guten Appetit!

Was soll's werden?

Na? Weißt du mal wieder nicht, worauf du Hunger hast oder was das du kochen sollst? Mit diesen Tipps fällt dir die Rezeptauswahl beim nächsten Mal bestimmt leichter!

Überlege dir zuerst: Welche Art von Mahlzeit soll es werden? Willst du eine schnelle Bowl zaubern, eine aufwändige Torte oder doch ein superleckeres Sonntagsfrühstück?

Für wie viele Personen willst du kochen oder backen? Ist es möglich die Reste morgen aufzuessen, wenn es für heute zu viel ist?

Eine weitere Entscheidungshilfe sind die Zutaten: Welche Dinge hast du schon im Kühlschrank und müssen verbraucht werden? Oder informiere dich, welche Obst- und Gemüsesorten gerade Saison haben – dann kannst du sie frisch und aus deiner Region kaufen – darüber freut sich auch die Umwelt :)

Zusammen zu kochen macht natürlich gleich noch mehr Spaß! Suche dir einen Koch-Buddy und los geht's!

»Mit diesen Tipps kannst du deine Auswahl etwas eingrenzen und dann fällt die Entscheidung schon einfacher! MAHLZEIT!«

Die Temperaturangaben in den Rezepten beziehen sich immer auf einen ganz normalen Backofen, bei dem du Ober- und Unterhitze einstellst – außer, wir haben etwas anderes angegeben. Wenn dein Backofen nur Umluft hat, dann zieh ca. 20 °C ab, also zum Beispiel statt 180 °C bei Ober- und Unterhitze, 160 °C bei Umluft.

Das ist das Symbol für Umluft:

Das ist das Symbol für Ober- und Unterhitze:

Diese Abkürzungen solltest du kennen:

- mg steht für Milligramm
- g steht für Gramm
- kg steht für Kilogramm
- ml steht für Milliliter
- l steht für Liter
- TL steht für Teelöffel
- EL steht für Esslöffel

How to start

»Wenn du Fragen hast oder Hilfe bei schwierigen Schritten benötigst – lass dir von einem Erwachsenen helfen!«

CHECKLISTE

Gehe diese Checkliste jedes Mal durch, bevor du mit dem Kochen oder Backen beginnst.

Suche dir zuerst ein Rezept raus, das du nachkochen möchtest.

Einkaufen gehen: Besorge alle Zutaten, die noch fehlen und die du nicht schon zu Hause hast.

Haare zusammenbinden – das ist hygienischer und so lässt es sich auch ungestörter arbeiten.

Nicht vergessen: unbedingt die Hände waschen!

Hol die Zutaten raus und wiege sie am besten schon mal ab – Pro-Tipp :)

Lege die benötigten Utensilien und Geräte bereit, dann musst du später nicht lange suchen.

Rezept durchlesen, um schon mal einen groben Überblick zu bekommen, was du tun musst.

Loslegen und Spaß haben! Es ist gar nicht schlimm, wenn nicht immer alles perfekt aussieht – Hauptsache, es schmeckt!

Das brauchst du zum Backen und Kochen

Du brauchst gar nicht viel für die Rezepte in diesem Buch. Das meiste hast du bestimmt sowieso schon! Damit du aber später nicht auf die Suche gehst, findest du hier die wichtigsten Utensilien und -geräte. Außerdem ist bei jedem Rezept aufgeführt, was du benötigst (schau dir auch das Glossar auf S. 159 an).

ein Schneebesen

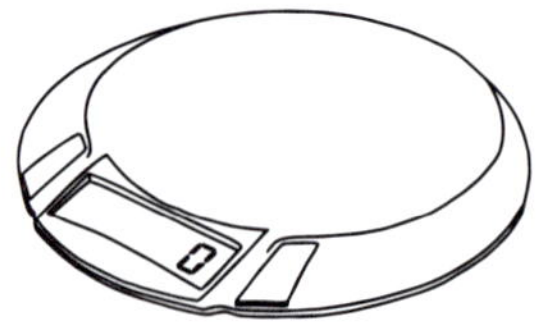

eine Waage

Backformen (für Muffins und Kastenkuchen ...)

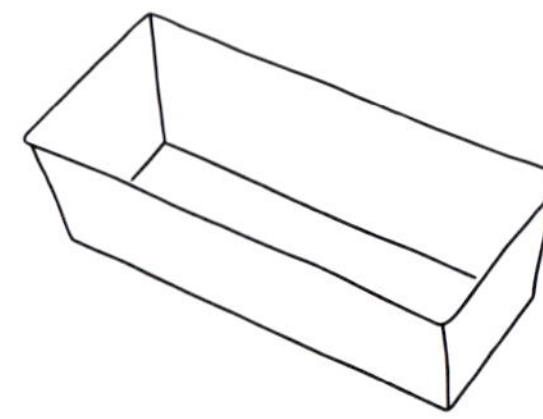

ein Rührgerät oder eine Küchenmaschine

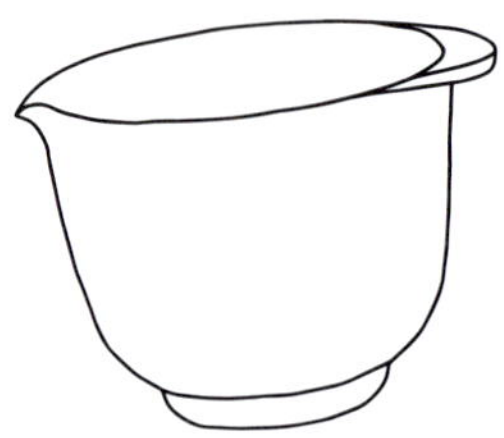

eine Rührschüssel (am besten gleich zwei)

Ein Teigschaber ist superpraktisch, um auch die letzten Reste Teig aus der Schüssel zu bekommen und den Teig gleichmäßig auf einem Blech oder in einer Form zu verstreichen.

ein Nudelholz

Ausstechformen

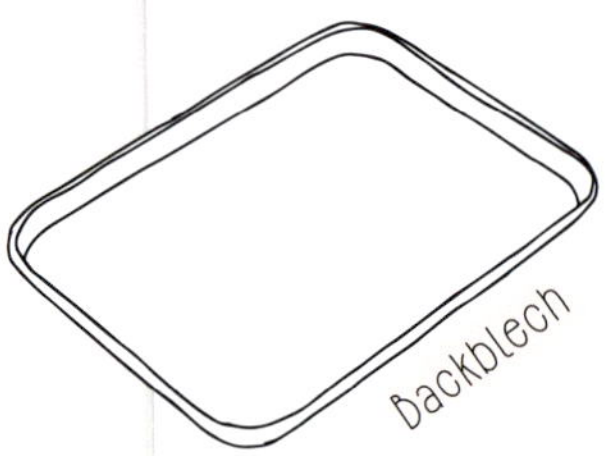

Backblech

einen Topf und eine Pfanne

ein Messbecher

ein Sieb (praktischer wären ein kleines und ein großes)

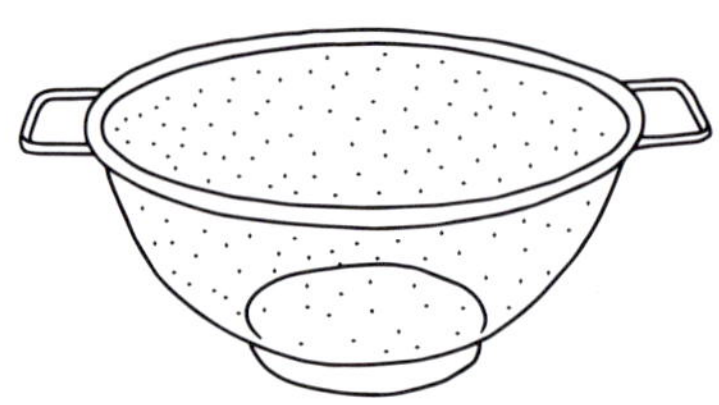

Lebensmittel sind wertvoll!

Mit diesen Tipps kannst du ältere Lebensmittel retten oder Reste clever verwerten.

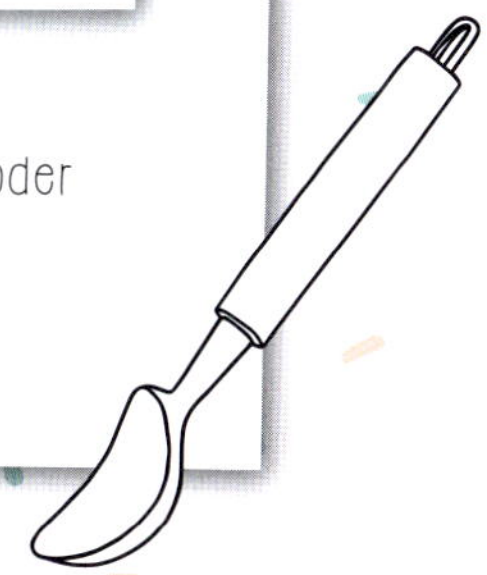

WELKER SALAT: Lege ihn für kurze Zeit in ein Eisbad und schon ist er wieder knackig!

ALTE BRÖTCHEN: Befeuchte erst die Oberfläche leicht und backe sie dann 5 Minuten bei 180 Grad. Danach sind die Brötchen so gut wie frisch.

ESSEN VERSALZEN?
Versuche den Geschmack mit etwas Wasser oder mit Milchprodukten wie Frischkäse, Sahne oder Crème fraîche auszugleichen.

Sei vorbereitet! Oft braucht man frischen **ZITRONENSAFT**, hat aber keine Zitrone mehr im Kühlschrank. Zitronensaft kann man perfekt portioniert in Eiswürfelformen einfrieren. So hat man die frische Säure immer griffbereit.

Das Gleiche funktioniert auch mit **FRISCHEN KRÄUTERN**. Befülle dafür einfach eine Eiswürfelform mit Olivenöl und gehackten Kräutern – und ab ins Gefrierfach damit.

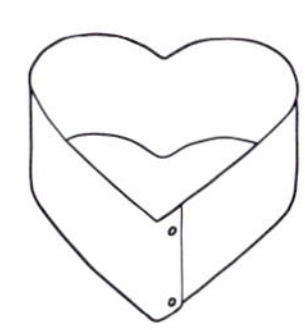

So wird die **PIZZA VOM VORTAG** wieder frisch: Lege sie zusammen mit zwei Eiswürfeln in eine Pfanne, Deckel drauf und bei mittlerer Hitze, bis das Wasser verdampft ist, erwärmen. **LECKER!**

Die besten Küchen-Hacks und -tipps

Den Boden einer Springform mit BACKPAPIER zu bespannen, klingt erst mal schwierig, ist aber eigentlich ganz easy. Lege einen Bogen Backpapier auf den Boden einer Springform und knicke das überstehende Papier nach unten. Lege nun den Rand der Form um den Boden und verschließe ihn – und fertig!

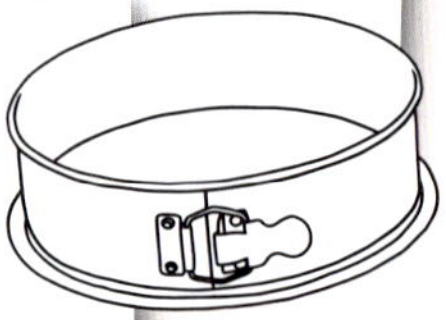

Woran erkennt man, ob ein EI noch frisch ist? Dieser einfache Trick zeigt es dir: Fülle ein Gefäß mit Wasser und lege das Ei hinein. Wenn es auf dem Boden liegen bleibt, ist es noch frisch. Sollte es schon etwas älter, aber noch essbar sein, stellt es sich ein wenig auf. Achtung! Wenn das Ei an der Oberfläche schwimmt, ist es nicht mehr genießbar.

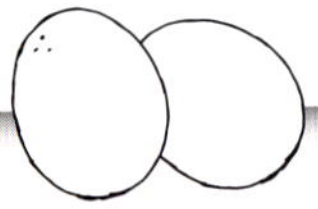

Wer hat sich nicht auch schon mal beim Schälen eines GRANATAPFELS geärgert? So eine Sauerei! Versuche es mal in einer Schüssel mit Wasser. Bester Hack ever! Die Granatapfelkerne gehen unter, die weißen Fasern schwimmen dagegen an der Wasseroberfläche und können einfach abgeschöpft werden. Damit spart man nicht nur viel Zeit, sondern hinterlässt auch noch eine saubere Küche.

Kennst du die STÄBCHENPROBE? Wenn du dir unsicher bist, ob der Teig im Backofen schon durchgebacken ist, dann pikse mit einem kleinen Holzspieß oder einem Zahnstocher hinein. Wenn Teig daran kleben bleibt, braucht der Kuchen noch ein paar Minuten. Wenn nicht, ist er READY!

So kocht das NUDELWASSER nie wieder über: Lege einfach einen Kochlöffel aus Holz quer über den Topf. Klingt zu einfach, um wahr zu sein? Klappt aber!

Was ist genauso toll wie über dem Lagerfeuer GERÖSTETE MARSHMALLOWS? Marshmallows über dem Toaster zu rösten. Ist zwar ein bisschen weniger romantisch, geht aber auch, wenn es draußen regnet und ungemütlich ist.

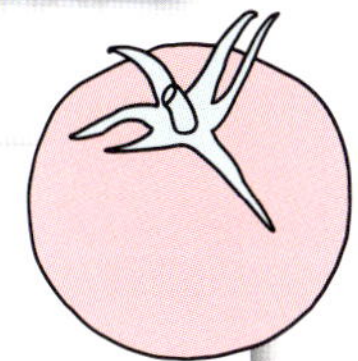

Wenn du Klebeband auf den Strunk der TOMATEN klebst, bleiben sie LÄNGER FRISCH. Und gleich noch ein TOMATEN-HACK! Sie sollten nicht im Kühlschrank gelagert werden, denn dort verlieren sie ihren Geschmack.

Wenn die BUTTER ZU HART ist und du nicht warten möchtest, bis sie schön weich ist: Reibe sie doch einfach auf einer Küchenreibe.

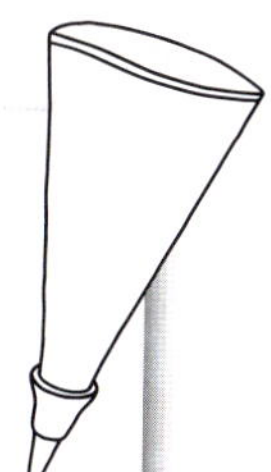

Das kennt jeder! Beim BEFÜLLEN DES SPRITZBEUTELS landet einiges an Creme nicht dort, wo es soll. Ärgerlich! Stell beim nächsten Mal den Beutel einfach in ein hohes Glas und stülpe die Öffnung des Beutels über den Glasrand um. So klappt das Befüllen ganz easy.

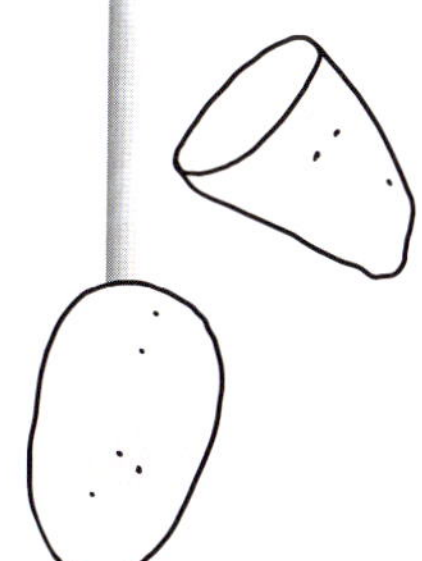

Mal wieder zu faul zum KARTOFFELNSCHÄLEN? Dann probiere das mal aus: Koche die Knollen mit Schale und lege sie im Anschluss in eiskaltes Wasser. Die Haut wird sich nach wenigen Minuten von alleine ablösen.

Noch ein KARTOFFEL-HACK! Wenn es im Kühlschrank mal unangenehm riecht, schäle einfach eine Kartoffel und lege sie in die Tür des Kühlschranks. Dort nimmt sie die schlechten Gerüche auf.

In diesem Kapitel machen wir dir das Kochen mit deinem Koch-Buddy so einfach wie nie zu vor!

Und so geht's: Sucht euch im Rezept eine Farbe aus und befolgt dann jeweils die Arbeitsschritte eurer Farbe. So habt ihr euch ganz einfach die einzelnen Steps aufgeteilt und zusammen ein leckeres Gericht zubereitet. YAY!

Cookies-and-Cream-Schnecken

FÜR 12 STÜCK

Zubereitungszeit: 30 Minuten
Gehzeit: 1 Stunde
Backzeit: 30–35 Minuten

FÜR DEN HEFETEIG

300 g Mehl + mehr zum Arbeiten

1 Päckchen Trockenhefe

1 Prise Salz

30 g Zucker

160 ml Milch

1 Ei

50 g weiche Butter + mehr für die Form

FÜR DIE FÜLLUNG

40 g weiche Butter

4 EL brauner Zucker

FÜR DAS FROSTING

250 g Frischkäse

50 ml Milch

10 Kakaokekse mit Cremefüllung

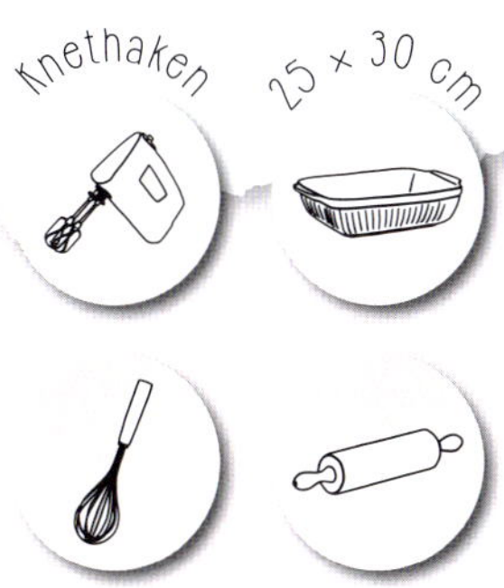

SO GEHT'S:

1. Vermische für den Teig Mehl, Trockenhefe, Salz und Zucker in einer Schüssel. Erwärme die Milch in einem kleinen Topf bei schwacher Hitze lauwarm und gieße sie zur Mehlmischung. Füge Ei und Butter hinzu und verknete alles mit den Knethaken des Handrührgeräts zu einem glatten Teig. Decke ihn ab und stell den Teig zum Gehen für 30 Minuten an einen warmen Ort. Fette inzwischen schon mal eine Auflaufform mit Butter ein.

2. Rolle den Teig rechteckig auf der leicht bemehlten Arbeitsfläche 1 cm dick aus. Bestreiche ihn mit der weichen Butter und streue den braunen Zucker darüber. Rolle den Teig von der langen Seite her auf und schneide die Rolle gleichmäßig in 1 cm breite Stücke. Lege die Schnecken in die Auflaufform, decke sie ab und lass sie so noch einmal 30 Minuten gehen.

3. Heize den Ofen bei Ober-/Unterhitze auf 180 Grad vor. Backe die Schnecken 30–35 Minuten. Verrühre den Frischkäse mit der Milch mit dem Schneebesen in einer Schüssel. Zerbrösle die Kekse mit den Händen in einer anderen Schüssel. Bestreiche die fertig gebackenen und lauwarm abgekühlten Schnecken mit dem Frischkäse und streue die Keksbrösel darüber.

Wie hat es dir geschmeckt? ☆☆☆☆☆

TIPP

Damit es für die eine von euch nicht langweilig wird, könnt ihr euch beim Ausbacken der Crêpes auch abwechseln.

Crêpes mal anders

FÜR 4 PORTIONEN

Zubereitungszeit: 30 Minuten
Ruhezeit: 20 Minuten
Garzeit: ca. 25 Minuten

FÜR DEN CRÊPE-TEIG

25 g Butter + mehr zum Backen
250 g Mehl
3 Eier
500 ml Milch
½ TL Salz

FÜR DIE FÜLLUNG

300 g Blattspinat
250 g Kirschtomaten
1 Zwiebel
2 EL Olivenöl
Salz, Pfeffer
150 g Frischkäse

FÜR DAS FINISH

50 g geriebener Parmesan

SO GEHT'S:

1: Lass die Butter bei schwacher Hitze in einem kleinen Topf schmelzen. Verquirle Mehl, Eier, Milch, Salz und geschmolzene Butter mit dem Handrührgerät in einer Schüssel. Lass den Teig 20 Minuten ruhen.

2: Während der Teig gerührt wird, bereitest du die Füllung zu. Wasche den Spinat und lass ihn gut abtropfen. Wasche die Tomaten und halbiere sie. Schäle die Zwiebel und schneide sie in Würfel. Erhitze das Olivenöl in einer Pfanne und schwitze die Zwiebel darin 2 Minuten glasig an. Gib den Spinat hinzu, würze ihn mit Salz und Pfeffer und dünste ihn 1–2 Minuten. Dann kommen Frischkäse und ein kleiner Schluck Wasser dazu. Verrühre alles zu einer sämigen Sauce und wirf die Tomaten rein. Schmecke die Füllung mit Salz und Pfeffer noch einmal gut ab.

3: Dann geht es schon ans Backen: Streiche eine zweite Pfanne mit etwas Butter ein und erhitze sie. Dann kommt 1 Kelle Teig hinein, durch Schwenken verteilen und von beiden Seiten hellbraun backen. Der fertige Crêpe wandert auf einen Teller.

4: Heize kurz vor dem Servieren den Ofen bei Ober-/Unterhitze auf 200 Grad vor und lege ein Backblech mit Backpapier aus. Fülle die Crêpes mit der Spinatmasse, streue etwas Parmesan darüber, klappe die Crêpes zur Hälfte zusammen und erwärme sie 3 Minuten im Backofen.

Wie hat es dir geschmeckt? ☆ ☆ ☆ ☆ ☆

FRISCHKÄSEFÜLLUNG
SCHOKI
KEKSBODEN

Mini-Cheesecakes mit Erdbeer-Schoko-Topping

FÜR 6 STÜCK

Zubereitungszeit: 30 Minuten
Backzeit: 25 Minuten

FÜR DEN BODEN

6 Muffinpapierförmchen
100 g Vollkornbutterkekse
30 g Butter
1 Prise Salz

FÜR DIE FÜLLUNG

250 g Frischkäse
100 g Sahne
60 g Zucker
2 TL Speisestärke
1 Ei
1 Päckchen Vanillezucker

FÜR DAS TOPPING

6 Erdbeeren

FÜR DAS TOPPING

1 Töpfchen Vollmilch-Kuchenglasur

SO GEHT'S:

1: Heize den Ofen bei Ober-/Unterhitze auf 170 Grad vor und lege sechs Mulden eines Muffinblechs mit Papierförmchen aus. Zerbrösele die Kekse fein mit den Händen in einer Schüssel, du kannst sie aber auch in der Küchenmaschine mahlen. Lass die Butter in einem kleinen Topf bei schwacher Hitze schmelzen und misch sie zusammen mit dem Salz unter die Krümel. Verteile die Mischung in den Papierförmchen und drücke sie gut an.

2: Während dein Koch-Buddy mit dem Boden beschäftigt ist, machst du die Füllung: Verrühre alle Zutaten mit dem Schneebesen in einer Schüssel. Gib dann die Creme auf die Keksböden in den Förmchen. Backe die Mini-Cheesecakes 25 Minuten. Herausholen und vollständig abkühlen lassen.

3: Wasche die Erdbeeren, tupfe sie ordentlich trocken.

4: Lass, während die Erdbeeren gewaschen werden, die Kuchenglasur nach Packungsangabe schmelzen. Überziehe damit die Cheesecakes, tunke jede Beere einmal zur Hälfte in die Schokolade und platziere sie auf den süßen Küchlein.

Wie hat es dir geschmeckt? ☆☆☆☆☆

Avocado-Sandwich mit Guacamole und Nachos

FÜR 4 PORTIONEN

Zubereitungszeit: 20 Minuten
Garzeit: ca. 10 Minuten

FÜR DIE SANDWICHES

2 Avocados
8 dicke Scheiben Weißbrot (oder Sandwichtoastbrot)
2 EL Tomatenmark
4 EL Mayonnaise
8 Scheiben Cheddar

FÜR DIE GUACAMOLE

2 Avocados
Saft von 1 Limette
Salz, Pfeffer
1 Tomate
1 rote Zwiebel
1 Tüte Nachos

SO GEHT'S:

1. Halbiere die Avocados, löse den Kern heraus und hebe das Fruchtfleisch mit einem Esslöffel aus der Schale. Lege jeweils eine halbe Avocado auf eine Brotscheibe und zerdrücke sie mit einer Gabel darauf. Bestreiche die anderen vier Brotscheiben mit Tomatenmark und Mayonnaise. Belege sie mit Cheddar. Klappe immer zwei Scheiben zusammen und backe sie von beiden Seiten in der Pfanne oder im Sandwichgrill braun und knusprig.

2. Während die Sandwiches vorbereitet werden, bist du für die Guacamole zuständig! Halbiere die beiden Avocados, löse die Kerne heraus und hebe das Fruchtfleisch mit einem Esslöffel aus der Schale. Dieses kommt in eine Schüssel und wird mit der Gabel fein zerdrückt. Mische den Saft der Limette unter die Avocado und schmecke dann die Guacamole mit Salz und Pfeffer ab. Als Topping wäschst du die Tomate und würfelst sie ganz klein. Schäle nun die Zwiebel und hacke auch sie fein.

3. Streue die Toppings auf die Guacamole und serviere diese zusammen mit den Nachos und den Sandwiches.

Wie hat es dir geschmeckt? ☆☆☆☆☆

Apfel-Zimt-Traum im Glas

FÜR 4 PORTIONEN

Zubereitungszeit: 25 Minuten
Gar- und Backzeit: 15–20 Minuten
Kühlzeit: ca. 2 Stunden

FÜR DAS APFELKOMPOTT

3 mürbe Äpfel (z. B. Boskoop)
2 EL Zucker
Saft von 1 Zitrone
½ Päckchen Vanillepuddingpulver

FÜR DIE JOGHURTCREME

250 g griechischer Joghurt
2 EL Puderzucker
1 Päckchen Vanillezucker
150 g Sahne

FÜR DIE STREUSEL

100 g gemahlene Mandeln
100 g Mehl
100 g weiche Butter
100 g brauner Zucker
1 TL gemahlener Zimt

SO GEHT'S:

1: Wasche die Äpfel, schäle und entkerne sie und schneide sie in Würfel. Koche die Apfelwürfel mit dem Zucker, dem Zitronensaft und 250 ml Wasser in einem Topf 5 Minuten auf. Verrühre das Puddingpulver mit 2 EL kaltem Wasser mit einer Gabel, gib die Mischung zu den Äpfeln und koche alles nochmals 1 Minute unter Rühren auf. Fülle das Apfelkompott in eine Schüssel und lass es abkühlen.

2: Während die Äpfel kochen, verrührst du Joghurt, Puderzucker und Vanillezucker in einer Schüssel. Schlage die Sahne mit dem Handrührgerät in einem Mixbecher steif und hebe sie unter die Joghurtcreme. Fülle die Creme in vier Dessertgläser und stell sie kalt. Sobald das Apfelkompott abgekühlt ist, kannst du es auf der Joghurtcreme verteilen. Das Ganze wandert dann in den Kühlschrank.

3: Heize den Ofen bei Ober-/Unterhitze auf 180 Grad vor und lege ein Backblech mit Backpapier aus. Verknete alle Zutaten für die Streusel mit den Händen in einer Schüssel zu Bröseln. Verteile diese auf dem Blech und backe sie 10–15 Minuten. Sollten sie am Rand zu dunkel werden, wende sie zwischendurch mit einem Pfannenwender. Nach dem Abkühlen kannst du die Streusel auf die Gläser verteilen.

Wie hat es dir geschmeckt? ☆ ☆ ☆ ☆ ☆

FÜR 4 PORTIONEN

Zubereitungszeit: 30 Minuten
Garzeit: ca. 10 Minuten

FÜR DAS »HACK«

150 g Sojagranulat
Gemüsebrühe oder Wasser (Menge nach Packungsangabe des Sojagranulats)
2 EL Olivenöl
Salz, Pfeffer
1 TL Paprikapulver
1 TL getrockneter Oregano
4 Scheiben Cheddar

FÜR DAS GRÜNZEUG

1 Eisbergsalat
1 Salatgurke
200 g Kirschtomaten

FÜR DAS TOPPING

4 Gewürzgurken
1 Zwiebel

FÜR DIE SAUCE

100 g Mayonnaise
1 TL Tomatenmark
2 EL Gurkenwasser (siehe oben)
1 TL Senf
1 TL Honig
½ TL getrocknete Petersilie
Salz, Pfeffer

Cheeseburger-Salat

SO GEHT'S:

1: Weiche das Sojagranulat nach Packungsangabe in der Gemüsebrühe oder in Wasser ein und lass es quellen. Die Schnippelarbeit könnt ihr euch teilen, während das Granulat einweicht:

2: Wasche das Gemüse gründlich ab und schneide den Eisbergsalat in Streifen. Auch die Gurke und Tomaten können schon klein geschnippelt werden. Verteile dann alles auf vier Schalen.

3: Schneide die Gewürzgurken in Scheiben. Schäle die Zwiebel und schneide sie in Ringe. Das Sojahack gut in einem Sieb abtropfen lassen. Erhitze das Öl in einer Pfanne und brate das Sojagranulat darin bei mittlerer Hitze knusprig. Würze es mit Salz, Pfeffer, Paprikapulver und Oregano. Zupfe den Cheddar in kleine Stücke, verteile ihn auf dem Sojahack und lass ihn bei geschlossenem Deckel kurz schmelzen.

4: Während dein Koch-Buddy noch mit dem Sojahack beschäftigt ist, kannst du dich schon mal an die Sauce machen: Verrühre alle Zutaten mit einer Gabel und schmecke alles mit Salz und Pfeffer ab. Verteile das Veggie-Hack mit dem Käse, die Gewürzgurken und die Zwiebelringe auf dem Salat. Cocktailsauce darüber und ab auf den Tisch damit!

Wie hat es dir geschmeckt? ☆ ☆ ☆ ☆ ☆

Frischer Mango-Salat

FÜR 4 PORTIONEN

Zubereitungszeit: 25 Minuten
Garzeit: ca. 10 Minuten

FÜR DEN SALAT

250 g gelbe und rote Kirschtomaten
1 Salatgurke
5 Stängel Basilikum

FÜR DEN SALAT

1 Mango
25 g Pinienkerne

FÜR DEN HALLOUMI

2 Halloumi
2 EL Olivenöl

FÜR DAS DRESSING

Saft von 1 Orange
1 geh. TL Senf
1 EL Weißweinessig
Salz
1 TL Zucker
4 EL Olivenöl

SO GEHT'S:

1: Wasche die Tomaten, die Gurke und das Basilikum. Halbiere die Tomaten und würfle die Gurke. Schüttle das Basilikum trocken, zupfe die Blätter ab und hacke sie klein.

2: Schäle, während dein Koch-Buddy mit Schnippelarbeit beschäftigt ist, die Mango, schneide das Fruchtfleisch vom Kern (Achtung tricky! Falls du das noch nie gemacht hast, lass dir dabei helfen!) und würfle es klein. Vermenge alle vorbereiteten Salatzutaten in einer Schüssel. Dann werden noch die Pinienkerne in einer Pfanne bei mittlerer Hitze hellbraun angeröstet.

3: Tupfe den Halloumi mit Küchenpapier gut trocken und schneide ihn in Scheiben. Erhitze das Olivenöl in einer Pfanne und brate den Halloumi darin bei mittlerer Hitze von beiden Seiten braun und knusprig.

4: Verrühre alle Zutaten für das Dressing mit einer Gabel, würze es mit 2 Prisen Salz und gib alles über den Salat. Mische alles gut durch und verteile den Salat auf Teller. Am Schluss kommen noch der Halloumi und die Pinienkerne darüber.

Wie hat es dir geschmeckt? ☆ ☆ ☆ ☆ ☆

Zitronen-Spaghetti

FÜR 4 PORTIONEN

Zubereitungszeit: 15 Minuten

500 g Spaghetti
Salz
1 unbehandelte Zitrone
150 g geriebener Parmesan
½ Bund Basilikum
60 g Butter
Pfeffer (wer mag)

SO GEHT'S:

1. Koche die Nudeln in reichlich gut gesalzenem Wasser bissfest (die Garzeit findest du auf der Packung).

2. Reibe die Schale der Zitrone mit einer feinen Reibe dünn ab (nur das Gelbe, das Weiße darunter bleibt an der Zitrone!). Hol dir dafür eventuell Hilfe von einem Erwachsenen, da es etwas knifflig sein kann. Halbiere dann die Zitrone und presse ihren Saft aus. Wasche das Basilikum, schüttle es trocken und zupfe die Blätter ab.

3. Bevor du die Spaghetti in ein Sieb abgießt, gib zwei Kellen (etwa 250 ml) Nudelkochwasser in eine Tasse. Erhitze die Butter zusammen mit der Zitronenschale in einer Pfanne. Gib den Zitronensaft und das Nudelwasser hinzu, sobald die Butter geschmolzen ist. Koche alles bei mittlerer Hitze auf. Gib die Nudeln und die Hälfte des Parmesans dazu und dann wird gemischt.

4. Richte die Nudeln in tiefen Tellern an. Bestreue nun das Ganze mit dem restlichen Parmesan und den Basilikumblättern. Wenn du magst, kannst du auch noch etwas gemahlenen Pfeffer darüber streuen.

Wie hat es dir geschmeckt? ☆ ☆ ☆ ☆ ☆

Cruffins: Croissant-Muffins

FÜR 6 STÜCK

Zubereitungszeit: 15 Minuten
Backzeit: ca. 25 Minuten

75 g Butter + mehr für die Form

1 Rolle Blätterteig (aus dem Kühlregal)

6 EL brauner Zucker

4 TL gemahlener Zimt

SO GEHT'S:

1. Heize den Ofen bei Ober-/Unterhitze auf 200 Grad vor und fette sechs Mulden eines Muffinblechs mit etwas Butter ein.

2. Lass die Butter in einen kleinen Topf schmelzen. Entrolle den Blätterteig, bestreiche ihn mithilfe eines Backpinsels mit der geschmolzenen Butter. Dann kommt der braune Zucker drauf. Siebe zum Schluss noch das Zimtpulver darüber.

3. Rolle den Blätterteig von der langen Seite her auf und teile die Rolle längs, sodass du zwei Stränge hast. Schneide jeden Strang in drei Stücke, dieses Mal quer. Drehe nun jedes Stück mit der Zuckerseite nach oben zu einer Schnecke ein. Diese kommen in die gefetteten Mulden des Blechs. Backe die Cruffins in etwa 25 Minuten goldbraun. YUMMY!

Wie hat es dir geschmeckt? ☆ ☆ ☆ ☆ ☆

Tomate-Mozzarella-Waffeln

FÜR 4 PORTIONEN

Zubereitungszeit: 15 Minuten

2–3 Tomaten
2 Kugeln Mozzarella
2 Stängel Basilikum
250 g Mehl
1 TL Backpulver
2 Prisen Salz
2 Eier
250 ml Buttermilch
2 EL Olivenöl + mehr zum Backen
4–5 EL Basilikum-Pesto
Salz, Pfeffer

SO GEHT'S:

1. Wasche die Tomaten und schneide sie zusammen mit dem Mozzarella in Scheiben. Auch das Basilikum wird gewaschen, dann trocken schütteln und Blätter abzupfen.

2. Verrühre für den Teig Mehl, Backpulver, Salz, Eier, Buttermilch und Olivenöl mit dem Handrührgerät in einer Schüssel.

3. Heize das Waffeleisen vor und streiche es dünn mit Olivenöl ein. Nun gibst du 1 kleine Kelle Teig hinein und belegst ihn mit Tomaten- und Mozzarellascheiben. Kleckse etwas vom Pesto darüber und bedecke das Ganze mit etwas mehr Teig. Backe die Waffel schön braun und knusprig. So backst du nun weitere Waffeln aus, bis der Teig aufgebraucht ist.

4. Die fertigen Waffeln mit Basilikum, etwas Salz und Pfeffer bestreuen und servieren.

Wie hat es dir geschmeckt? ☆☆☆☆☆

Cremiges Himbeereis

FÜR 2 PORTIONEN

Zubereitungszeit: 15 Minuten
Gefrierzeit: 1 Stunde (nach Wahl)

450 g Tiefkühl-Himbeeren
100 g Zucker
1 Handvoll frische Himbeeren
300 g Sahne (gut gekühlt)

 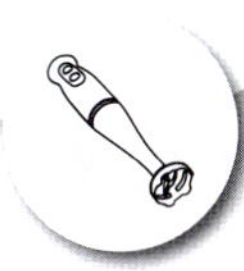

SO GEHT'S:

1. Vermische die Himbeeren mit dem Zucker auf einem Teller und lass sie 10 Minuten antauen. Wasche inzwischen die frischen Beeren und tupfe sie trocken.

2. Schlage dann die Sahne mit dem Handrührgerät in einer Schüssel halbsteif. Die Himbeeren kommen mit dem Zucker in einen Mixbecher und werden mit dem Pürierstab durchgemixt.

3. Hebe nun vorsichtig die Schlagsahne unter das Himbeerpüree. Gib das Eis noch einmal 1 Stunde ins Gefrierfach oder verteile das Himbeereis direkt auf Schüsseln und garniere es mit den frischen Beeren. GENIAL!

Wie hat es dir geschmeckt? ☆☆☆☆☆

DRESSING
PINIENKERNE

Gnocchi-Salat

FÜR 2 PORTIONEN

Zubereitungszeit: 15 Minuten

500 g Gnocchi (aus dem Kühlregal)
Salz
2 EL Olivenöl
250 g Kirschtomaten
4 getrocknete Tomaten (aus dem Glas)
1 Handvoll Rucola
150 g Mini-Mozzarella

FÜR DAS DRESSING

3 EL Öl von den getrockneten Tomaten
2 EL Essig
1 EL Senf
2 EL Agavendicksaft (oder Honig)
Salz, Pfeffer

SO GEHT'S:

1. Koche die Gnocchi 2 Minuten in kochendem, leicht gesalzenem Wasser. Gieße sie in ein Sieb ab und lass sie gut abtropfen. Erhitze das Olivenöl in einer Pfanne und brate die Gnocchi darin einige Minuten knusprig an, wende sie dabei ab und zu.

2. Inzwischen kannst du aber schon mal die Kirschtomaten waschen und halbieren. Würfle die getrockneten Tomaten. Wasche den Rucola, schüttle ihn trocken und hacke ihn etwas kleiner. Lass den Mozzarella in einem Sieb abtropfen.

3. Verrühre für das Dressing Tomatenöl, Essig, Senf, Agavendicksaft, je 2 Prisen Salz und Pfeffer mit dem Schneebesen in einer großen Schüssel. Nun kommen Gnocchi, Kirschtomaten, getrocknete Tomaten und Rucola dazu. Mische alles gut durch, verteile die Mozzarellakugeln darüber und schmecke den Salat mit Salz und Pfeffer ab.

»Wir lieben in einer Pfanne angeröstete Pinienkerne auf dem Gnocchi-Salat. So gut!«

Wie hat es dir geschmeckt? ☆☆☆☆☆

Beerige Refresher

FÜR 2 PORTIONEN

Zubereitungszeit: 10 Minuten
Ziehzeit: 10 Minuten

2 Beutel grüner Tee

2 Beutel Hibiskustee (findet man auch als Malve)

1 Stück Ingwer (ca. 3 cm)

250 g gemischte frische Beeren (oder Tiefkühl-Beeren)

50 ml Himbeersirup

200 ml weißer Traubensaft

8 Eiswürfel

SO GEHT'S:

1. Gib die Teebeutel in eine Teekanne und gieße sie mit 500 ml kochendem Wasser aus dem Wasserkocher auf. Nimm die Beutel vom grünen Tee nach 5 Minuten wieder raus. Der Hibiskustee kann bis zu 10 Minuten ziehen.

2. Schäle den Ingwer, schneide ihn in dünne Scheiben und gib sie in den Tee. Lass die Mischung abkühlen.

3. Wasche die frischen Beeren und tupfe sie trocken. Tiefkühl-Beeren kannst du auch gefroren verwenden für den extra Frischekick. Fülle die Beeren, den Sirup und den Traubensaft in zwei große Gläser. Gib je 1 Eiswürfel mit hinein und gieße das Ganze mit dem Eistee auf. CHEERS!

☆

Wie hat es dir geschmeckt? ☆ ☆ ☆ ☆ ☆

Frühstück mit Wow-Effekt

Zimtschnecken-Pancakes

FÜR 2 PORTIONEN

Zubereitungszeit: 30 Minuten
Garzeit: ca. 20 Minuten

FÜR DEN PANCAKE-TEIG

2 Eier
1 Prise Salz
200 g Mehl
½ TL Backpulver
50 ml Mineralwasser mit Kohlensäure
200 ml Milch
20 g Zucker
neutrales Pflanzenöl zum Ausbacken

FÜR DEN ZIMT-SWIRL

50 g weiche Butter
50 g brauner Zucker
2 TL gemahlener Zimt

FÜR DAS FROSTING

½ Zitrone
100 g Frischkäse
3 EL Milch
1 EL Puderzucker

SO GEHT'S:

1. Trenne für den Teig die Eier und schlage das Eiweiß mit dem Salz mit dem Handrührgerät in einem hohen Mixbecher steif. Verrühre Mehl, Backpulver, Mineralwasser, Milch, Zucker und Eigelb in einer Schüssel. Nun hebst du den Eischnee ganz vorsichtig unter, ein paar weiße Flöckchen dürfen noch sichtbar sein.

2. Für den leckeren Zimt-Swirl verrühre Butter, braunen Zucker, Zimtpulver und 1 EL von dem Pancake-Teig mit dem Handrührgerät in einer Schüssel. Fülle diese Masse in einen Spritzbeutel (oder in einen Gefrierbeutel und schneide eine kleine Spitze ab).

3. Erhitze 1 TL Öl in einer Pfanne. Gib esslöffelweise mehrere kleine Kleckse Teig mit etwas Abstand zueinander hinein. Spritze dann den Zimt-Swirl in Form einer Spirale von innen nach außen auf jeden Teigklecks und backe die Pancakes bei mittlerer Hitze von beiden Seiten etwa 2 Minuten. Mach aus dem Teig weitere Pancakes und staple die fertigen auf einem großen Teller.

4. Für das Frosting presst du den Saft der Zitrone aus und verrührst ihn mit den restlichen Zutaten mit dem Schneebesen in einer Schüssel. Am Schluss kommt es einfach über die Pancakes.

Wie hat es dir geschmeckt? ☆☆☆☆☆

FÜR 12 STÜCKE

Zubereitungszeit: 15 Minuten
Backzeit: ca. 45 Minuten

3 kleinere oder 2 größere sehr reife Bananen

200 g Mehl

150 g gemahlene blanchierte Mandeln

2 Eier

2 TL Backpulver

150 ml neutrales Pflanzenöl + mehr für die Form

100 ml Pflanzendrink

80 g Zucker

1 Prise Salz

100 g backfeste Schokodrops

22 × 11 cm

SO GEHT'S:

1. Heize den Ofen bei Ober-/Unterhitze auf 180 Grad vor und fette eine Kastenform mit Öl ein.

2. Schäle die Bananen und zerdrücke sie mit der Gabel in einer Schüssel zu Mus. Gib nun alle weiteren Zutaten hinzu und verrühre alles.

3. Fülle den Teig in die Form und backe ihn 45 Minuten. Mach nach dieser Zeit eine Stäbchenprobe, um zu sehen, ob das Bananenbrot fertig gebacken ist (siehe Seite 12). Sonst einfach 5–10 Minuten weiterbacken. Wenn du Angst hast, dass es an der Oberfläche verbrennt, kannst du das Bananenbrot mit einem Bogen Backpapier abdecken.

4. Herausholen, gut abkühlen lassen und nur noch in Scheiben schneiden.

Wie hat es dir geschmeckt? ☆ ☆ ☆ ☆ ☆

Nomnom

Frühstücks-Burrito

FÜR 2 PORTIONEN

Zubereitungszeit: 20 Minuten
Garzeit: ca. 10 Minuten

½ Zwiebel
1 Tomate
1 kleine Handvoll Baby-Spinat
4 Eier
Salz, Pfeffer
2 EL Olivenöl
2 Tortilla-Wraps
4 EL Frischkäse
75 g geriebener Käse
1 TL Chiliflocken (nach Belieben)

SO GEHT'S:

1. Schäle die Zwiebel und würfle sie klein. Wasche die Tomate, auch sie wird in Würfelform gebracht. Brause den Spinat in einem Sieb ab und lass ihn gut abtropfen. Verquirle dann die Eier mit 1 Prise Salz und etwas Pfeffer mit dem Schneebesen in einer Schale.

2. Erhitze das Öl in einer Pfanne und schwitze die Zwiebel darin 2 Minuten an. Nun kommen die Tomatenwürfel dazu, kurz erhitzen und das verquirlte Ei darübergießen. Schiebe das Ei ein paarmal mit dem Kochlöffel von außen nach innen zusammen. Wenn es leicht gestockt und schön cremig ist, ist es perfekt! Jetzt hebst du die Spinatblätter unter das Rührei. Vergiss nicht, den Herd auszumachen!

3. Bestreiche die Wraps mit dem Frischkäse, streue den Reibekäse und die Chiliflocken (wenn du magst) darüber. Diese kommen nur dazu, wenn du es auch gerne scharf magst (wie wir!), ansonsten lässt du sie einfach weg.

4. Verteile das Rührei auf den Wraps. Schlage die Seiten ein und rolle alles zu leckeren Burritos auf. Wische die Pfanne grob mit einem Küchenpapier aus und brate die Burritos darin kurz von allen Seiten an. Schon sind sie fertig!

TIPP

Statt frischen Spinats schmeckt auch tiefgekühlter sehr gut. Du solltest ihn auftauen lassen, indem du ihn zusammen mit der Zwiebel einige Minuten in der Pfanne erhitzt. Dann erst die Tomaten und das Ei zugeben.

Wie hat es dir geschmeckt? ☆ ☆ ☆ ☆ ☆

TIPP

Je nach Jahreszeit kannst du den Auflauf auch mit anderem Obst (z.B. Äpfel, Birnen oder Pflaumen) machen.

French-Toast-Auflauf mit Beeren

FÜR 4 PORTIONEN

Zubereitungszeit: 20 Minuten
Backzeit: 30 Minuten

etwas Butter für die Form
ca. ½ altbackenes Weißbrot (oder 10–12 Scheiben Toast)
3 Eier
200 ml Milch
1 Prise Salz
2 EL Ahornsirup
250 g Erdbeeren
200 g Heidelbeeren
Puderzucker zum Bestreuen

25 × 30 cm

SO GEHT'S:

1. Heize den Ofen bei Ober-/Unterhitze auf 180 Grad vor und fette eine Auflaufform mit Butter ein.

2. Würfle das Weißbrot und verteile es in der Form. Verrühre Eier, Milch, Salz und Ahornsirup mit dem Schneebesen in einer Schüssel und gieße die Mischung über das Weißbrot. Das Ganze bleibt jetzt 10 Minuten stehen.

3. Wasche inzwischen die Beeren. Viertle die Erdbeeren und entferne dabei das Grün. Gib jeweils die Hälfte der Erd- und Heidelbeeren über das eingeweichte Brot.

4. Backe den Auflauf 30 Minuten. Herausholen, die restlichen Beeren darüber verteilen und alles mit Puderzucker bestreut servieren. HMMM!

Wie hat es dir geschmeckt? ☆☆☆☆☆

Galaxy-Smoothie

FÜR 2 PORTIONEN

Zubereitungszeit: 20 Minuten
Zeit zum Einfrieren: 2–3 Stunden

2 große Bananen
etwas neutrales Pflanzenöl für den Teller
250 g Tiefkühl-Heidelbeeren
150 g Joghurt
50 ml Pflanzendrink
½ Ananas
1 TL Mohn

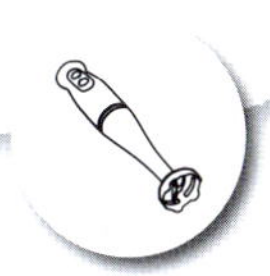

SO GEHT'S:

1. Schäle die Bananen und schneide sie in Scheiben. Aus zehn Scheiben stichst du mit einem kleinen Ausstecher Sterne aus. Die Bananensterne kommen auf einen Teller, den du vorher leicht mit Öl einstreichst. Ab damit ins Gefrierfach. Die restlichen Bananenscheiben und Reste vom Ausstechen frierst du separat in einer Dose 2–3 Stunden ein.

2. Mixe für den roten Smoothie die leicht angetauten Heidelbeeren mit dem Joghurt und dem Pflanzendrink mit dem Pürierstab in einem hohen Mixbecher.

3. Schäle die Ananas und schneide das Fruchtfleisch in Stücke, entferne dabei den harten Kern. Mixe für den gelben Smoothie die gefrorenen Bananenscheiben samt -resten und die Ananas mit dem Pürierstab in einem zweiten Becher.

4. Gieße nun den Bananen-Ananas-Smoothie und den Heidelbeer-Smoothie abwechselnd in das Glas, sodass sie sich leicht vermischen. Als Topping den Mohn und die Bananensterne auf dem Smoothie verteilen. GALAKTISCH GUT!

Wie hat es dir geschmeckt? ☆☆☆☆☆

Paprika-
Tomate-
Toast
FRÜHLINGS-
ZWIEBEL-TOAST

Flammkuchen-Toasts

FÜR 2 PORTIONEN

Zubereitungszeit: 20 Minuten
Backzeit: ca. 10 Minuten

FÜR PAPRIKA-TOMATEN-TOASTS

½ rote Paprika
2 getrocknete Tomaten (aus dem Glas)
einige Blätter Rucola
2 Scheiben Toastbrot
2 EL Crème fraîche
Salz, Pfeffer
50 g geriebener Käse

FÜR FRÜHLINGS-ZWIEBEL-TOASTS

2 Frühlingszwiebeln
2 Scheiben Toastbrot
2 EL Crème fraîche
Salz, Pfeffer
50 g geriebener Käse
2 EL Schnittlauchröllchen

SO GEHT'S:

1. Heize den Ofen bei Oberhitze auf 200 Grad vor oder schalte einfach die Grillfunktion ein.

2. Wasche die Paprika für den Paprika-Tomaten-Toast, entferne die Samen, schneide die Paprika in Streifen. Würfle dann die getrockneten Tomaten. Wasche den Rucola und schüttle ihn trocken. SHAKE IT!

3. Wasche die Frühlingszwiebeln für den Frühlingszwiebel-Toast und schneide sie in Röllchen.

4. Lege alle vier Toastscheiben auf dem Backofenrost aus und bestreiche sie mit jeweils 1 EL Crème fraîche. Auf zwei Toasts kommen Paprika und Tomaten, auf die anderen beiden die Frühlingszwiebelröllchen. Würze zum Schluss alles mit Salz und Pfeffer und toppe das Ganze mit viel Käse!

5. Nun überbackst du alles im oberen Drittel des Ofens, bis die Flammkuchen-Toasts schön gebräunt sind. Hol die fertigen Toasts heraus (Vorsicht, heiß!) und garniere die Paprika-Tomaten-Toasts mit Rucola, die Frühlingszwiebeltoasts werden mit den Schnittlauchröllchen bestreut. Schon sind sie fertig zum Servieren.

Wie hat es dir geschmeckt? ☆ ☆ ☆ ☆ ☆

TIPP

Für ein gesundes Frühstück kannst du den Zimtzucker weglassen und die Pancakes mit Joghurt servieren.

Mini-Bananen-Pancakes

FÜR 2 PORTIONEN

Zubereitungszeit: 20 Minuten
Garzeit: ca. 20 Minuten

2 Eier
1 Prise Salz
200 g Mehl
1 TL Backpulver
50 ml Mineralwasser mit Kohlensäure
200 ml Milch
40 g Zucker
4 Bananen
1 EL Butter
2–3 EL Zimtzucker
2 Handvoll gemischte Beeren

SO GEHT'S:

1. Trenne die Eier und schlage das Eiweiß und das Salz mit dem Handrührgerät in einem hohen Mixbecher steif. Verrühre Mehl, Backpulver, Mineralwasser, Milch, Zucker und Eigelb in einer Schüssel. Nun hebst du den Eischnee vorsichtig unter.

2. Schäle die Bananen und schneide sie in Scheiben. Sie kommen in den Teig und werden vorsichtig darin gewendet.

3. Zerlasse die Butter in einer Pfanne und gib die mit Teig umhüllten Bananenscheiben mithilfe einer Gabel einzeln hinein. Backe die Mini-Pancakes bei mittlerer Hitze von beiden Seiten etwa 2 Minuten. Wenn du Teigreste hast, kannst du daraus noch kleine Mini-Pancakes ohne Bananenstücke backen.

4. Wende die Pancakes zum Schluss in Zimtzucker und richte sie in zwei Bowls an. Wasche die Beeren und tupfe sie trocken. Ab damit zu den Pfannkuchen!

Wie hat es dir geschmeckt? ☆☆☆☆☆

FÜR 2 PORTIONEN

Zubereitungszeit: 20 Minuten

FÜR DIE BOWL

1 Orange

2 reife Bananen

400 g Tiefkühl-Beerenmischung

FÜR DAS TOPPING

1 Kiwi

1 Banane

50 g Himbeeren

50 g Heidelbeeren

2 TL Sesam

2 EL Knuspermüsli

2 TL gehackte Pistazienkerne

2 Stängel Minze

Smoothie-Bowl

SO GEHT'S:

1. Halbiere die Orange und presse den Saft aus. Schäle die Bananen und mixe sie zusammen mit den Beeren und dem Orangensaft mit dem Pürierstab in einem Mixbecher. Fülle den Smoothie in zwei Schalen.

2. Schäle für das Topping die Kiwi und die Banane und schneide beides in Scheiben. Wasche die Beeren, tupfe sie trocken und verteile alles in Reihen auf den beiden Bowls. Zwischen die Früchte streust du Sesam, Knuspermüsli und Pistazienkerne. Wasche die Minze, schüttle sie trocken, zupfe die Blätter ab und verziere damit deine Bowls. FERTIG!

Wie hat es dir geschmeckt? ☆ ☆ ☆ ☆ ☆

»In Saucenresten dippen wir gerne Nachos. Hmmm!«

TIPP

Wenn es mal schneller gehen soll, kannst du auch Tiefkühl-Pommes verwenden.

FÜR 2 PORTIONEN

Zubereitungszeit: 40 Minuten
Garzeit: 35 Minuten

FÜR DIE BOWL

400 g mehligkochende Kartoffeln
Salz
3 EL Olivenöl
150 g Kirschtomaten
½ Salatgurke
6 größere Salatblätter
1 rote Zwiebel
1 Avocado
2 Gewürzgurken

FÜR DIE SAUCE

20 g Butter
20 g Mehl
250 ml Milch
100 g geriebener Cheddar
Salz, Pfeffer
½ TL Paprikapulver

FÜR DIE TOPPINGS

2 EL Röstzwiebeln
2 EL gehackte Kräuter (zum Beispiel Petersilie, Schnittlauch, Dill)

Ofenpommes-Bowl

SO GEHT'S:

1. Wasche und schäle die Kartoffeln und schneide sie in 1 cm dicke Pommes. Nun kochst du sie 5 Minuten in kochendem, leicht gesalzenem Wasser vor. In ein Sieb abgießen, gut abtropfen lassen und in eine Schüssel umfüllen.

2. Heize den Ofen bei Ober-/Unterhitze auf 220 Grad vor. Mische das Olivenöl unter die Pommes, verteile sie auf einem mit Backpapier ausgelegten Backblech und backe sie 30 Minuten. Nach der Hälfte der Zeit einmal wenden.

3. Lass inzwischen für die Sauce die Butter in einem Topf bei mittlerer Hitze schmelzen und rühre das Mehl mit einem Schneebesen ein. Gieße die Milch dazu und koche die Sauce unter stetigem Rühren auf. Reduziere dann die Hitze und lass die Sauce 10 Minuten auf kleiner Stufe köcheln, rühre dabei hin und wieder um. Dann kommt der Cheddar dazu: Lass ihn unter Rühren schmelzen. Würze die fertige Sauce mit Salz, Pfeffer und Paprikapulver.

4. Wasche die Tomaten und die Gurke und schneide beides klein. Auch die Salatblätter bekommen ein Bad. Schäle die Zwiebel und schneide sie in dünne Scheiben. Halbiere die Avocado, löse den Kern heraus und hebe das Fruchtfleisch mit einem Esslöffel aus der Schale. Dann wird es gewürfelt. Nun nur noch die Gewürzgurken in Scheiben schneiden.

5. Zum Servieren legst du die Bowls mit den Salatblättern aus. Verteile das Gemüse, die Pommes und die Sauce darin. Lass dann Röstzwiebeln und Kräuter daraufregnen. WUNDERSCHÖN!

Wie hat es dir geschmeckt? ☆ ☆ ☆ ☆ ☆

Wie hat es dir geschmeckt? ☆☆☆☆☆

TIPP

Falls du beim Einkauf bunte Kirschtomaten oder eine bunte Karottenmischung findest, greif unbedingt zu. Gemüsesorten der Saison und dein Lieblingsgemüse sind natürlich ein absolutes Muss!

Veggie-Board mit Dips

FÜR 4-6 PORTIONEN

Zubereitungszeit: 40 Minuten

FÜR DAS BOARD

2 Karotten

1 Kohlrabi

1 Salatgurke

1 Bund Radieschen

150 g Zuckerschoten

150 g Snackpaprika

150 g Kirschtomaten

1 Packung Grissini

FÜR DEN HUMMUS

1 Dose Kichererbsen (Abtropfgewicht 260 g)

Saft von ½ Zitrone

1 TL gemahlener Kreuzkümmel

Salz

2–3 EL Olivenöl

150 g Tahin (Sesampaste)

FÜR DEN FETA-DIP

150 g Feta

2 EL Tomatenmark

4 getrocknete Tomaten (aus dem Glas)

1 TL getrocknete italienische Kräuter

Saft von ½ Zitrone

3 EL Olivenöl

Salz, Pfeffer

SO GEHT'S:

1. Wasche und putze das Gemüse, schäle die Karotten und den Kohlrabi. Schneide dann die Karotten, den Kohlrabi und die Gurke in Streifen und halbiere die Radieschen. Verteile das gesamte Gemüse auf einer Platte.

2. Lass die Kichererbsen für den Hummus in einem Sieb abtropfen. Mixe sie mit 100 ml kaltem Wasser, Zitronensaft, Kreuzkümmel, ½ TL Salz und Olivenöl mit einem Pürierstab in einem Mixbecher zu einem feinen Mus. Mixe das Tahin unter und schmecke den Hummus mit Salz und Pfeffer ab. Dann ab damit in ein Schälchen. Mach den Mixbecher sauber, den brauchst du gleich wieder!

3. Zerbrösele für den Feta-Dip den Feta und mixe ihn zusammen mit Tomatenmark, Tomaten, Kräutern, Zitronensaft und Olivenöl mit dem Pürierstab im Mixbecher. Auch diesen Dip mit Salz und Pfeffer würzen und in ein Schälchen füllen.

4. Wasche für den Kräuterfrischkäse die Petersilie, schüttle sie trocken und hacke sie samt den Stielen klein. Verrühre den Frischkäse mit der Milch, der Petersilie, etwas Salz und Pfeffer mit einer Gabel in einer Schüssel und fülle auch den dritten Dip in eine Schale.

5. Nun brauchst du nur noch die Schälchen zum Gemüse zu stellen, die Grissini dazuzulegen und schon kann das Snacken beginnen. YAY!

FÜR DEN KRÄUTER-FRISCHKÄSE

1 Bund Petersilie

250 g Frischkäse

50 ml Milch

Salz, Pfeffer

Haferflocken-Cookie-Bowl aus dem Ofen

FÜR 2 PORTIONEN

Zubereitungszeit: 15 Minuten
Backzeit: ca. 15 Minuten

100 g zarte Haferflocken
1 TL Backpulver
120 g Apfelmus
120 ml Pflanzendrink
2 EL Nussmus deiner Wahl
2 EL Ahornsirup
40 g backfeste Zartbitter-Schokodrops (oder gehackte Schokolade)
60 g Kakaokekse mit Cremefüllung

SO GEHT'S:

1. Heize den Ofen bei Ober-/Unterhitze auf 180 Grad vor.

2. Vermische alle Zutaten bis auf die Schokodrops und die Kakaokekse in einem Mixer miteinander. Zerbrösle die Kakaokekse ein wenig mit den Händen in einer Schüssel und hebe die Hälfte davon sowie die Schokodrops unter den Teig.

3. Fülle den Teig in zwei kleine Auflaufformen und backe die Bowl etwa 15 Minuten. Streue die restlichen Kakaokekse darüber und schon ist die zauberhafteste Haferflocken-Cookie-Bowl vernaschbereit!

»Für Minimalisten: Du kannst die Zutaten auch mit dem Kochlöffel in einer Schüssel verrühren.«

Wie hat es dir geschmeckt? ☆☆☆☆☆

Süßkartoffel-Feta-Bowl

FÜR 2 PORTIONEN

Zubereitungszeit: 35 Minuten
Garzeit: 20–25 Minuten

FÜR DIE BOWL

50 g Bulgur
2 Handvoll Baby-Spinat
3 Stängel Minze
2 Süßkartoffeln
2 EL Olivenöl
1 TL Paprikapulver
Salz, Pfeffer
150 g Feta
3 EL Granatapfelkerne

FÜR DAS DRESSING

100 g Joghurt
1 EL Essig
1 EL Olivenöl
Salz, Pfeffer
1 TL Honig
2 EL Apfelsaft

SO GEHT'S:

1. Gib den Bulgur in eine Schüssel, bedecke ihn mit heißem Wasser und lass ihn 15 Minuten quellen.

2. Heize inzwischen den Ofen bei Ober-/Unterhitze auf 200 Grad vor und lege ein Backblech mit Backpapier aus. Wasche den Spinat und die Minze und schüttel beides trocken. Zupfe dann die Minzblättchen ab. Wasche und schäle die Süßkartoffeln und schneide sie in Würfel. Gib die Würfel in eine Schüssel und mische sie mit Olivenöl, Paprikapulver, ½ TL Salz und etwas Pfeffer. Verteile sie auf dem Backblech und backe sie in 20–25 Minuten goldbraun. Zwischendurch kannst du sie einmal wenden, damit sie gleichmäßig bräunen.

3. Fülle für das Dressing Joghurt, Essig, Olivenöl, 2 Prisen Salz, Pfeffer, Honig und Apfelsaft in ein Schraubglas, verschließe es fest und schüttle es kräftig durch!

SHAKE IT!

4. Gieße den Bulgur in ein Sieb ab und lass ihn gut abtropfen. Verteile die Süßkartoffeln, den Spinat und den Bulgur auf zwei Bowls und beträufle alles mit dem Joghurtdressing. Zerbröckle den Feta darüber und gib die Granatapfelkerne und die Minze darauf. Und ab damit auf den Tisch!

Wie hat es dir geschmeckt? ☆☆☆☆☆

Fruchtbombe!

Wie hat es dir geschmeckt? ☆☆☆☆☆

TIPP

Jede Jahreszeit bietet unterschiedliches Obst, so kannst du dein Vitamin-Board immer wieder anders bestücken.

Buntes Vitamin-Board

FÜR 4–6 PORTIONEN

Zubereitungszeit: 40 Minuten

FÜR DAS BOARD

3 Kiwis
1 Ananas
1 Mango
2 Orangen
1 Schale Physalis (ca. 100 g)
2 Äpfel
2 Birnen
300 g weiße und/oder rote Trauben
500 g gemischte Beeren
viele Zahnstocher (oder Holzspieße)

FÜR DEN SCHOKO-DIP

100 g Zartbitterschokolade
200 g Sahne

FÜR DEN BEEREN-DIP

150 g gemischte frische Beeren (oder Tiefkühl-Beeren)
250 g Joghurt
1 TL Zitronensaft
2 TL Honig

FÜR DEN MANGO-DIP

½ Mango
250 g Joghurt
2 TL Honig

SO GEHT'S:

1. Schäle Kiwis, Ananas, beide Mangos (also auch die halbe für den Mango-Dip) und Orangen. Entferne die Blätter der Physalis.. Schneide den harten Kern der Ananas heraus und entsteine die Mangos – lass dir dabei gerne helfen. Wasche das restliche Obst und die Beeren (auch die für den Beeren-Dip, falls du dafür frische verwendest). Entkerne die Äpfel und Birnen. Nun schneidest du die größeren Obstsorten in mundgerechte Stücke, steckst alles auf Zahnstocher und richtest es hübsch auf einem großen Brett oder einer Platte an.

2. Hacke für den Schoko-Dip die Schokolade grob. Erhitze die Sahne in einem kleinen Topf, bis sie aufkocht. Passe dabei sehr gut auf, dass nichts überkocht! Ziehe den Topf dann sofort vom Herd und lass die Schokolade darin unter Rühren schmelzen. Nach etwa 5 Minuten kannst du den Dip mit dem Schneebesen glatt rühren und in eine kleine Schale füllen.

3. Mixe für den Beeren-Dip die Beeren mit Joghurt, Zitronensaft und Honig mit dem Pürierstab in einem Mixbecher. Beide Utensilien brauchst du gleich noch einmal für den Mango-Dip, daher ab an die Spüle und sauber machen! Der Beeren-Dip landet in einer Schale.

4. Schneide für den Mango-Dip das Mango-Fruchtfleisch in Stücke und mixe es mit Joghurt und Honig mit dem Pürierstab im Mixbecher zu einem feinen Mus. Fülle auch den dritten Dip in eine Schale.

5. Jetzt ist wohl klar, was kommt: Serviere alles zusammen und dippt gemeinsam los.

Happy
Birthday

Sprinkles!

FÜR 12 STÜCKE

Zubereitungszeit: 40 Minuten
Backzeit: 40–45 Minuten

FÜR DEN KUCHEN

250 g weiche Butter + mehr für die Form
1 Prise Salz
200 g Zucker
4 Eier
250 g Mehl
2 TL Backpulver
50 ml Milch
100 g bunte Zuckerstreusel (siehe Tipp)

FÜR DIE CREME

200 g weiche Butter
150 g Puderzucker
200 g Doppelrahmfrischkäse
pinke Lebensmittelfarbe

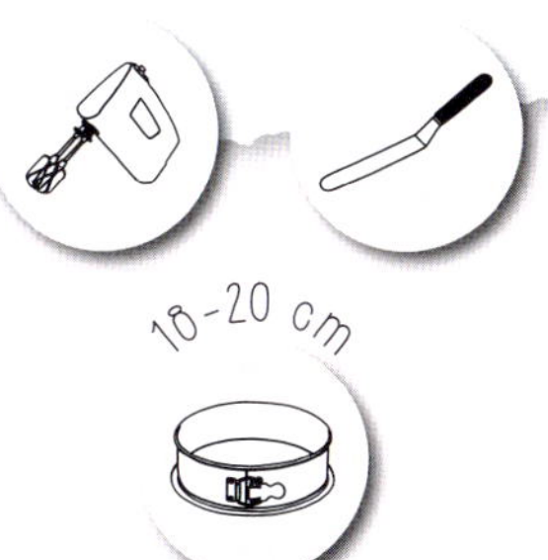

Bunte Funfetti-Torte

SO GEHT'S:

1. Heize den Ofen bei Ober-/Unterhitze auf 180 Grad vor. Bespanne den Boden einer Springform mit Backpapier (siehe Seite 12), buttere den Rand der Form ein.

2. Schlage Butter und Salz mit dem Handrührgerät in einer Schüssel 3 Minuten cremig auf. Rühre den Zucker 2 Minuten unter. Gib anschließend die Eier einzeln zu und mixe jedes 1 Minute unter. Siebe Mehl und Backpulver darüber und gib die Milch dazu. Alles zunächst auf kleiner Stufe vermischen, dann 1 Minute auf höchster Stufe rühren. Zuletzt hebst du die Hälfte der Streusel unter.

3. Fülle den Teig in die Form und backe ihn 40–45 Minuten. Mach eine Stäbchen-probe, um zu prüfen, ob der Teig durchgebacken ist (siehe Seite 12). Raus mit dem fertigen Kuchen aus dem Ofen und 10 Minuten stehen lassen. Dann aus der Form lösen und auf einem Kuchengitter vollständig auskühlen lassen.

4. Schlage für die Creme die Butter mit dem Handrührgerät in einer Schüssel 3 Minuten cremig auf. Rühre dann den Puderzucker 2 Minuten unter. Nun hebst du den Frischkäse unter die Creme und färbst sie mit wenigen Tropfen Lebensmittel-farbe rosa ein.

5. Streiche den Kuchen rundum mit der Creme ein. Dann wird die Torte mit den restlichen Streuseln verziert und bis zum Servieren kalt gestellt.

TIPP

Bunte Streusel sind nicht immer backfest. Auch auf der Creme wird die Farbe mit der Zeit flüssig. Daher die fertige Torte nicht zu lange im Kühlschrank warten lassen.

Wie hat es dir geschmeckt? ☆ ☆ ☆ ☆ ☆

VORLAGE

»Achtung! Öffne den Backofen während der Backzeit nicht, damit der Biskuitteig schön fluffig bleibt und nicht zusammenfällt.«

Wie hat es dir geschmeckt? ☆☆☆☆☆

FÜR 12 STÜCKE

Zubereitungszeit: 1 Stunde
Backzeit: 10–12 Minuten
Kühlzeit: 5–6 Stunden

FÜR DIE »ERDBEEREN«

25 g Butter
25 g Puderzucker
1 Eiweiß
25 g Mehl
grüne und rote Lebensmittelfarbe

FÜR DEN BISKUIT

4 Eier
1 Prise Salz
170 g Zucker
90 g Mehl
30 g Speisestärke
1 TL Backpulver

FÜR DIE FÜLLUNG

200 g Sahne (gut gekühlt)
250 g Magerquark
2 EL Gelierzucker (2:1)
1 TL Vanillezucker
1 Päckchen Zitronenabrieb
100 g Erdbeer-Fruchtaufstrich (ohne Stückchen)

2 x

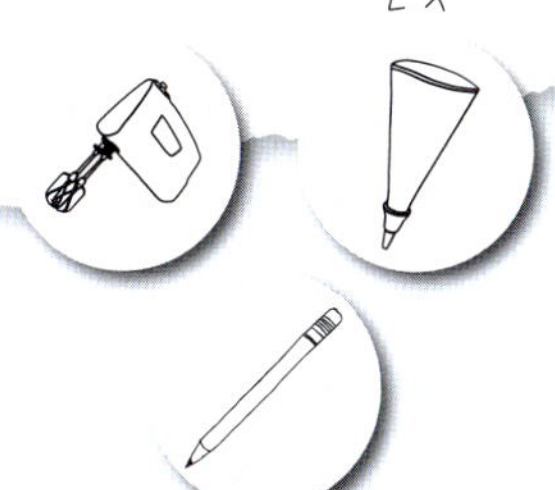

Biskuitroulade mit Wow-Effekt

SO GEHT'S:

1. Lass die Butter für die »Erdbeeren« in einem Topf schmelzen. Verrühre sie dann mit Puderzucker, Eiweiß und Mehl mit dem Handrührgerät. Gib ein Drittel des Teigs in eine andere Schüssel und färbe ihn mit der Lebensmittelfarbe intensiv grün, die anderen zwei Drittel werden schön rot. Fülle die Teige in je einen Spritzbeutel. Zeichne mit Bleistift auf einem Bogen Backpapier Erdbeeren mit etwas Abstand zueinander auf (hierfür kannst du die Vorlage hier im Buch nutzen), wende das Papier und platziere es auf einem großen Brett. Fülle mit dem roten Teig die Früchtchen aus und mit den grünen Teig die »Blätter«. Ab damit ins Gefrierfach!

2. Trenne für den Biskuit die Eier. Schlage Eiweiß und Salz mit dem Handrührgerät in einer Schüssel schaumig. Gib 10 g Zucker hinzu und rühre, bis ein fester Eischnee entstanden ist. Verquirle das Eigelb in einer anderen Schüssel. Langsam 80 g Zucker einrieseln lassen und hell cremig aufschlagen. Gib den Eischnee zur Eigelbmasse, siebe Mehl, Stärke und Backpulver darüber und hebe alles unter. Ziehe das Backpapier mit den Erdbeeren auf ein Backblech. Verstreiche die Biskuitmasse vorsichtig darauf (nicht drücken!) und backe alles 10–12 Minuten im Ofen.

3. Bestreue ein Küchentuch mit dem restlichen Zucker (50 g). Stürze den Biskuit auf das Tuch, dafür holst du dir am besten Hilfe. Ziehe das Papier vorsichtig ab. Wende den Biskuit wieder und rolle ihn mithilfe des gezuckerten Tuchs von der langen Seite her auf. So kühlt er erst mal ab.

4. Schlage für die Füllung die Sahne mit dem Handrührgerät in einer Schüssel steif. Quark, Gelierzucker, Vanillezucker und Zitronenabrieb in einer zweiten Schüssel verrühren. Heb die Sahne vorsichtig unter. Entrolle den Biskuit, bestreiche ihn mit dem Erdbeeraufstrich und der Quarkcreme, lass dabei am oberen Rand 5 cm frei. Nun rollst du den Biskuit mithilfe des Tuchs vorsichtig von unten nach oben auf und stellst die Erdbeerrolle für 5–6 Stunden kalt.

Rawrrr...

FÜR 12 STÜCKE

Zubereitungszeit: 1 Stunde
Backzeit: 40–45 Minuten
Ruhezeit: 3 Stunden
Kühlzeit: 1–2 Stunden

FÜR DEN KUCHEN

5 Eier
200 g Zucker
1 Prise Salz
280 g Mehl
2 TL Backpulver
200 g Crème fraîche
150 g weiche Butter, plus mehr für die Form

FÜR DIE DEKO

je 1 kleines Stück grüner und schwarzer Fondant
ca. 1 TL weiße Schokodrops (oder weiteres schwarzes Fondant)

FÜR DIE CREME

300 g weiche Butter
220 g Puderzucker
300 g Doppelrahmfrischkäse
grüne Lebensmittelfarbe

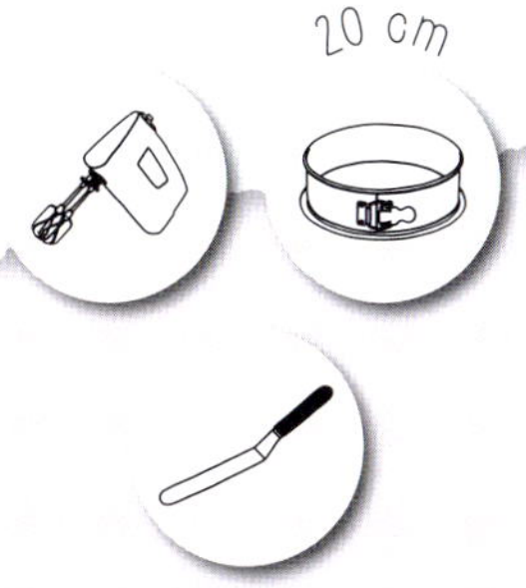

Niedliche Dinotorte

SO GEHT'S:

1. Heize den Ofen bei Ober-/Unterhitze auf 180 Grad vor. Bespanne den Boden einer Springform mit Backpapier (siehe Seite 12), buttere den Rand der Form ein.

2. Schlage Eier, Zucker und Salz mit dem Handrührgerät in einer Schüssel 5 Minuten dickschaumig auf. Rühre Mehl, Backpulver, Crème fraîche und Butter kurz unter. Fülle den Teig in die Form und backe ihn 40–45 Minuten. Mach die Stäbchenprobe (siehe Seite 12). Herausholen und den Kuchen 30 Minuten abkühlen lassen. Löse ihn aus der Form und stell ihn 3 Stunden beiseite.

3. Inzwischen kannst du mit der Deko loslegen: Forme für den Dinorücken aus dem grünen Fondant fünf Zacken, die nach vorne hin immer kleiner werden. Aus dem schwarzen Fondant werden zwei Augen und ein Mund geformt. Wenn du keine weißen Schokodrops hast, formst du auch kleine Krallen aus schwarzem Fondant.

4. Schlage für die Creme die Butter mit dem Handrührgerät in einer Schüssel 3 Minuten cremig auf. Rühre dann den Puderzucker 2 Minuten unter. Nun hebst du den Frischkäse unter die Creme und färbst sie mit wenig Lebensmittelfarbe grün ein.

5. Teile die Torte waagerecht in zwei Hälften. Die untere Hälfte kommt mit der Schnittfläche nach oben auf eine Tortenplatte. Verstreiche mit der Palette 3–4 EL Creme darauf. Nun kommt der zweite Boden mit der Schnittfläche nach unten darauf. Streiche den Kuchen rundum mit der restlichen Creme ein. Stecke die Panzerplatten oben in die Torte ein (mit zwei Zahnstochern im Fondant wird es noch stabiler), drücke Augen und Mund an den Rand an. Die weißen Schokotropfen bilden die Krallen vorne am Boden der Torte. Stell sie für 1–2 Stunden kalt.

Wie hat es dir geschmeckt? ☆ ☆ ☆ ☆ ☆

FÜR 12 STÜCK

Zubereitungszeit: 25 Minuten

1 Handvoll Salzbrezeln

1 große Tüte süßes Popcorn

2 EL bunte Zuckerperlen (oder Zuckerstreusel)

150 g weiße Schokolade

12 Muffinpapierförmchen

Popcorn-Cupcakes

SO GEHT'S:

1. Gib die Salzbrezeln in eine Schüssel und zerbrich sie ein wenig mit den Händen. Dann werden sie mit dem Popcorn und der Hälfte der Zuckerperlen vermischt.

2. Hacke die Schokolade grob und gib sie in eine hitzebeständige Schüssel. Stell diese in einen Topf, der 2 cm hoch mit Wasser gefüllt ist. Erhitze das Wasser bei mittlerer Hitze auf dem Herd und schmilz die Schokolade unter Rühren mit dem Schneebesen.

3. Gieße die Schokolade über die Popcornmischung und vermenge alles gründlich. Jetzt kommt in jede Mulde des Muffinblechs ein Papierförmchen. Fülle die Popcornmischung hinein, streue die restlichen Zuckerperlen darüber und lass die Cupcakes fest werden.

Wie hat es dir geschmeckt? ☆ ☆ ☆ ☆ ☆

FÜR 8 STÜCKE

Zubereitungszeit: 50 Minuten
Backzeit: 30–35 Minuten
Kühlzeit: ca. 1 Stunde

FÜR DEN KUCHEN

200 g weiche Butter + mehr für die Form
150 g Zucker
4 Eier
200 g Mehl
2 TL Backpulver
1 Orange

FÜR DIE CREME

200 g weiche Butter
200 g Puderzucker
300 g Doppelrahmfrischkäse
pinke Lebensmittelfarbe

FÜR DIE DEKO

2 Töpfchen weiße Kuchenglasur
2–3 EL bunte Zuckerperlen
1 Eiswaffel oder 1 langer Keks

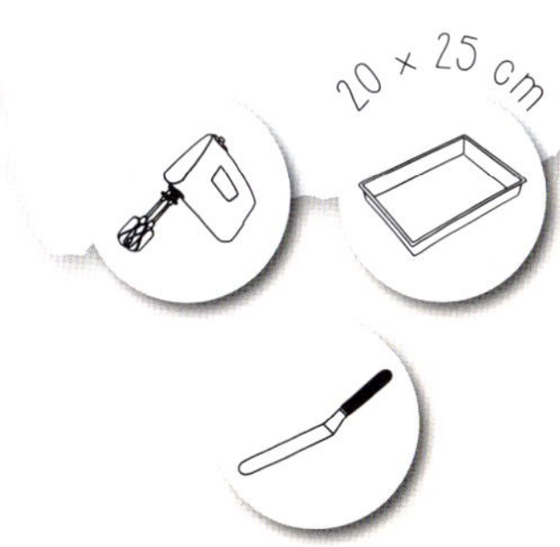

Eis am Stiel

SO GEHT'S:

1. Heize den Ofen bei Ober-/Unterhitze auf 180 Grad vor. Fette eine Backform mit Butter ein.

2. Rühre Butter und Zucker mit dem Handrührgerät in einer Schüssel cremig. Schlage die Eier einzeln jeweils 1 Minute unter. Siebe Mehl und Backpulver darüber. Halbiere die Orange und presse ihren Saft dazu und rühre alles kurz auf niedriger Stufe unter. Schlage dann den Teig 1 Minute auf höchster Stufe auf. Fülle den Teig in die Form und backe ihn 30–35 Minuten. Herausholen und vollständig abkühlen lassen.

3. Schlage für die Creme die Butter mit dem Handrührgerät in einer Schüssel 3 Minuten cremig auf. Rühre dann den Puderzucker 2 Minuten unter. Nun hebst du den Frischkäse unter die Creme und färbst sie mit wenigen Tropfen Lebensmittelfarbe rosa ein.

4. Löse den Kuchen aus der Form und lasse ihn abkühlen. Schneide dann an einer der Ecken ein »angebissenes« Stück heraus. Forme es mit einem Messer so, dass es wie abgebissen aussieht. Leg den Kuchen auf eine Kuchenplatte, streiche ihn mit einer Palette rundum mit der Creme ein und stell ihn für 30 Minuten kalt.

5. Lass für die Deko die Kuchenglasur nach Packungsangabe schmelzen und verziere das »Eis am Stiel« damit in Bahnen, die das tropfende, schmelzende Eis darstellen sollen. Streue Zuckerperlen auf die noch flüssige Glasur und lass alles fest werden. Als Stiel steckst du noch eine Eiswaffel oder einen Keks in das untere Ende des Kuchens.

Wie hat es dir geschmeckt? ☆ ☆ ☆ ☆ ☆

13
Wie hat es dir geschmeckt?

Heidelbeer-Joghurt-Kuchen mit Topper

FÜR 12 STÜCKE

Zubereitungszeit: 55 Minuten
Backzeit: 45–50 Minuten

FÜR DEN KUCHEN

1 unbehandelte Zitrone
200 g Zucker
250 g Joghurt
120 ml neutrales Pflanzenöl
300 g Mehl
2 geh. TL Backpulver
1 Prise Salz
150 g Tiefkühl-Heidelbeeren
2 TL Speisestärke
Puderzucker zum Bestreuen

FÜR DIE GEBURTS-TAGS-TOPPER

1 großes Stück Karton
1 Holzstäbchen für jede Ziffer
ca. 150 g weiße Kuvertüre (je nach Größe der Schablone)
bunte Zuckerperlen

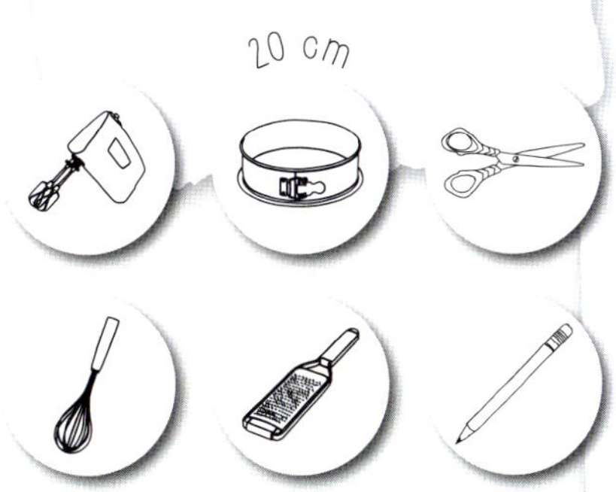

SO GEHT'S:

1. Heize den Ofen bei Ober-/Unterhitze auf 180 Grad vor. Bespanne den Boden einer Springform mit Backpapier (siehe Seite 12). Reibe die Schale der Zitrone dünn ab (nur das Gelbe!). Halbiere die Zitrone und presse den Saft aus.

2. Verrühre Zucker, Joghurt, Öl, Zitronenschale und -saft, Mehl, Backpulver und Salz mit dem Handrührgerät in einer Schüssel. Mische die Heidelbeeren mit der Stärke und hebe sie unter den Teig. Fülle ihn in die Form und backe ihn 45–50 Minuten. Mach die Stäbchenprobe (siehe Seite 12). Herausholen und den Kuchen 10 Minuten in der Form abkühlen lassen, dann an den Rändern lösen und vollständig abkühlen lassen.

3. Inzwischen zeichnest du für den Topper die gewünschte Zahl(en) auf dem Karton auf. Schneide die Form aus, so hast du eine Schablone! Diese legst du spiegelverkehrt auf das Backpapier und umrandest sie mit dem Bleistift. Wende das Papier und lege an das untere Ende der Zahl das Holzstäbchen, sodass es zur Hälfte in der Zahl liegt und zur anderen Hälfte unter der Zahl hinausragt.

4. Hacke die Kuvertüre grob und gib sie in eine hitzebeständige Schüssel. Stell diese in einen Topf, der 2 cm hoch mit Wasser gefüllt ist. Erhitze das Wasser bei mittlerer Hitze auf dem Herd und schmilz die Kuvertüre unter Rühren mit dem Schneebesen. Verteile dann einen Großteil dick innerhalb der Linien deiner aufgezeichneten Zahl und bestreue sie mit Zuckerperlen.

5. Nach dem Festwerden wendest du die Zahl vorsichtig. Schmilz die restliche Schokolade erneut, bestreiche die Rückseite der Zahlen damit und verteile die restlichen Zuckerperlen darauf. Stecke den oder die Topper in den fertigen Kuchen, bestreue diesen mit Puderzucker und los geht die Party.

YUMMY

FÜR 12 STÜCK

Zubereitungszeit: 20 Minuten
Backzeit: 25–30 Minuten

1 runder Blätterteig (aus dem Kühlregal)
1 Glas Pizzasauce
1 Kugel Mozzarella
75 g geriebener Parmesan
1 Eigelb
1 EL Milch (oder Wasser)
½ TL Oregano

SO GEHT'S:

1. Heize den Ofen bei Ober-/Unterhitze auf 200 Grad vor und lege ein Backblech mit Backpapier aus.

2. Entrolle den Blätterteig und schneide ihn in zwölf Tortenstücke. Bestreiche die Dreiecke mit Pizzasauce und zupfe den Mozzarella darüber. Streue dann noch den Parmesan über die Stücke.

3. Rolle dann die Dreiecke von der breiten Seite in Richtung der Spitze zu Croissants auf und verteile sie auf dem Backblech. Verquirle Eigelb und Milch mit der Gabel und bestreiche die Croissants damit. Oregano drauf und ab damit in den Ofen für 25–30 Minuten!

Wie hat es dir geschmeckt? ☆☆☆☆☆

TIPP

Rechteckigen Blätterteig schneidest du zunächst in sechs Rechtecke, die du dann diagonal teilst. So bekommst du auch zwölf Dreiecke. Genial, oder?

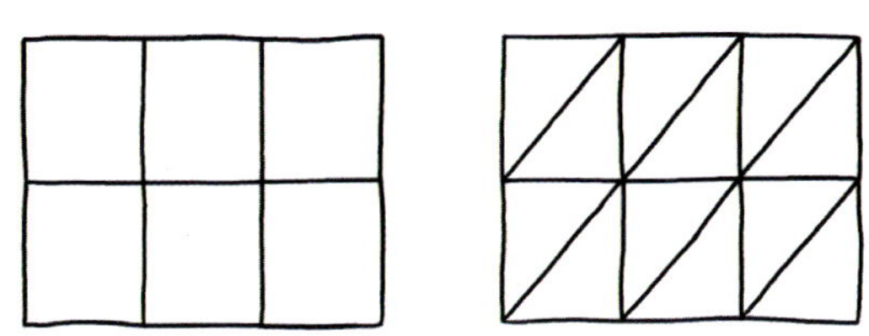

FÜR 2 PORTIONEN

Zubereitungszeit: 10 Minuten
Backzeit: ca. 15 Minuten

1 kleine Dose Mais (Abtropfgewicht 150 g)

6 Champignons

4 Tortilla-Wraps

100 g Tomatensauce (aus dem Glas)

100 g Pizzakäse

2–3 TL Pizzagewürz

Pizza aus der Pfanne

SO GEHT'S:

1. Lass den Mais in einem Sieb abtropfen, putze die Champignons und schneide sie in Scheiben. Bestreiche die Wraps mit Tomatensauce und belege sie mit Mais, Champignons, etwas Käse und streue Pizzagewürz darüber.

2. Erhitze eine Pfanne, lege den ersten Wrap hinein und»backe« die Pfannen-Pizza abgedeckt bei mittlerer Hitze 2–3 Minuten, bis der Käse geschmolzen ist. Leg die Pfannenpizza auf ein Holzbrett und schneide sie in Stücke. Wiederhole das mit den restlichen Tortilla-Wraps.

Wie hat es dir geschmeckt? ☆ ☆ ☆ ☆ ☆

TIPP

Achte darauf, dass der Wrap am Boden nicht verbrennt. Besser eine niedrigere Stufe wählen und langsam backen.

FÜR 2 PORTIONEN

Zubereitungszeit: 40 Minuten
Garzeit: 25 Minuten

3 längliche Zucchini
½ rote Paprika
2 Tomaten
2 EL Mehl
3 Eier
Salz, Pfeffer
100 g geriebener Gouda
2 EL Schnittlauchröllchen

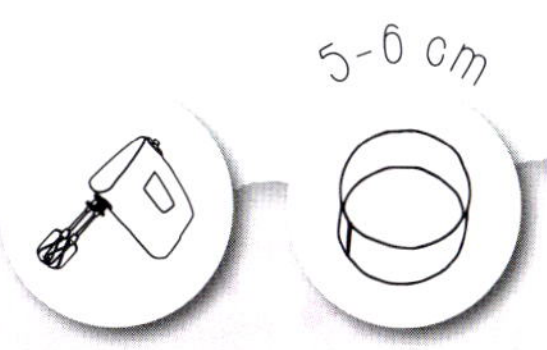

SO GEHT'S:

1. Heize den Ofen bei Ober-/Unterhitze auf 180 Grad vor und lege ein Backblech mit Backpapier aus.

2. Wasche die Zucchini, schneide sie in 1 cm dicke Scheiben und stich das Innere mit einem runden Ausstecher aus, sodass ein etwa 1 cm breiter Rand stehen bleibt. Schneide das Innere, das du gerade ausgestochen hast, klein. Wasche die Paprika und entkerne sie. Auch die Tomaten werden gewaschen. Schneide beides in ganz kleine Würfelchen.

3. Verquirle Mehl und Eier mit dem Handrührgerät in einer Schüssel. Mische dann das klein geschnittene Gemüse, ½ TL Salz und 2 Prisen Pfeffer unter. Lege die Zucchiniringe auf das Backblech, fülle die Teig-Gemüse-Masse hinein und bestreue alles mit Käse. Backe die Zucchini-Pizzen 25 Minuten. Bestreue sie zum Servieren mit Schnittlauch. HMMM!

Wie hat es dir geschmeckt? ☆☆☆☆☆

FÜR ETWA 48 STÜCK

Zubereitungszeit: 25 Minuten
Backzeit: 15–20 Minuten

1 Rolle Pizzateig (aus dem Kühlregal)
4 EL Tomatenmark
2 Prise Salz
2 Prisen Zucker
1 TL getrockneter Oregano
24 Mini-Mozzarella-Kugeln (ca. 2 Packungen)

Pizza-Bällchen

SO GEHT'S:

1. Heize den Ofen bei Ober-/Unterhitze auf 220 Grad vor und lege ein Backblech mit Backpapier aus.

2. Entrolle den Pizzateig und schneide ihn der Länge nach in 1 cm breite Streifen. Wiederhole das Ganze noch einmal der Breite nach, sodass du 18 Quadrate erhältst. Verrühre das Tomatenmark mit 1 EL Wasser, Salz, Zucker und Oregano. Gib je 1 kleinen Klecks Tomatensauce auf jedes Teigstück, halbiere die Mozzarellakugeln und lege je eine Hälfte darauf.

3. Nun schließt du den Teig um den Mozzarella und formst so Bällchen. Lege diese dicht an dicht kreisförmig auf das Blech und backe sie 15–20 Minuten.

FERTIG!

Wie hat es dir geschmeckt? ☆ ☆ ☆ ☆ ☆

Pizzarolle

FÜR 12 STÜCKE

Zubereitungszeit: 45 Minuten
Backzeit: 20–25 Minuten

FÜR DEN TEIG

- Olivenöl für das Blech
- 250 g Skyr
- 150 g geriebener Gouda
- 3 Eier
- 2 TL Pizzagewürz
- Salz, Pfeffer

FÜR DIE FÜLLUNG

- 4 EL Tomatenmark
- 1 TL Pizzagewürz
- Salz, Pfeffer
- 1 rote Paprika
- 6–8 Champignons
- 1 Handvoll Rucola
- 200 g körniger Frischkäse

SO GEHT'S:

1. Heize den Ofen bei Ober-/Unterhitze auf 180 Grad vor. Lege ein Backblech mit Backpapier aus und öle das Papier mit etwas Olivenöl ein.

2. Verrühre alle Zutaten für den Teig mit dem Handrührgerät in einer Schüssel. Würze die Masse mit ½ TL Salz und 2 Prisen Pfeffer. Verteile sie auf dem Backblech und backe sie 15 Minuten.

3. Verrühre für die Füllung das Tomatenmark mit 3 EL Wasser mit der Gabel in einer Schale und würze das Ganze mit Pizzagewürz, etwas Salz und Pfeffer. Wasche die Paprika, entkerne und würfle sie ganz klein. Putze die Champignons und schneide sie in dünne Scheiben. Wasche den Rucola und schüttle ihn einmal ordentlich trocken. SHAKE IT!

4. Hol den Teigboden aus dem Backofen (Achtung: heiß!), bestreiche ihn mit der Tomatensauce und verteile Paprikawürfel und Champignons darüber. Das Ganze kommt dann für weitere 5–10 Minuten in den Ofen.

5. Hol den Boden danach ganz aus dem Ofen und ziehe ihn mit dem Backpapier vorsichtig auf ein großes Schneidebrett. Gib nun den Frischkäse in kleinen Klecksen darauf und streue den Rucola darüber. Löse den Boden mit einem Pfannenwender vom Backpapier und rolle ihn mithilfe des Papiers auf. Schneide die Pizzarolle in leckere Stücke.

Wie hat es dir geschmeckt? ☆ ☆ ☆ ☆ ☆

Süße Pizza mit Himbeeren und Marshmallows

FÜR 12 STÜCKE

Zubereitungszeit: 25 Minuten
Gehzeit: 55–60 Minuten
Backzeit: ca. 25 Minuten

FÜR DEN TEIG

250 g Mehl + mehr zum Arbeiten
2 TL Trockenhefe
1 EL Zucker
1 Prise Salz
125 ml Milch
40 g weiche Butter
1 Eigelb

FÜR DEN BELAG

250 g Himbeeren
5–6 EL Schoko-Haselnuss-Aufstrich
2–3 EL Mini-Marshmallows

SO GEHT'S:

1. Vermische für den Teig Mehl, Trockenhefe, Zucker und Salz in einer Schüssel. Erwärme die Milch in einem kleinen Topf bei schwacher Hitze lauwarm und gieße sie zur Mehlmischung. Füge Butter und Eigelb hinzu und verknete alles mit den Knethaken des Handrührgeräts zu einem glatten Teig. Decke ihn ab und stell den Teig zum Gehen für 15 Minuten an einen warmen Ort.

2. Forme ihn dann auf der leicht bemehlten Arbeitsfläche mit den Händen zu einer großen Herzpizza mit Rand. Lege das Herz auf ein mit Backpapier ausgelegtes Backblech, decke es mit einem Küchentuch ab und lass den Teig weitere 10–15 Minuten gehen.

3. Heize inzwischen den Ofen bei Ober-/Unterhitze auf 180 Grad vor. Backe das Pizzaherz 20 Minuten.

4. Inzwischen kannst du die Himbeeren waschen und trocken tupfen. Hol das Herz nach der Backzeit aus dem Ofen, lass den Ofen aber noch angeschaltet. Bestreiche das Herz sofort mit dem Schokoaufstrich, streu die Marshmallows darüber und überbacke sie ganz kurz auf der obersten Schiene im heißen Backofen. Herausholen und frische Himbeeren drauf. TADAAA!

Wie hat es dir geschmeckt? ☆ ☆ ☆ ☆ ☆

TIPP

Als Toppings ist alles erlaubt, was dir schmeckt: Knuspermüsli, gehackte Nüsse, Nussmus, Kakaonibs und getrocknete Früchte.

Gefrorene Schoko-Bananen am Stiel

FÜR 8 STÜCK

Zubereitungszeit: 20 Minuten
Kühlzeit: 1–2 Stunden

4 kleine Bananen
8 Eisstiele
etwas neutrales Pflanzenöl für den Teller
2–3 TL gefriergetrocknete Himbeeren oder Erdbeeren
1 Töpfchen Zartbitter-Kuchenglasur
2–3 TL gehackte Pistazienkerne
2 TL Kokosraspel

SO GEHT'S:

1. Schäle die Bananen und halbiere sie. Stecke sie dann mit der Schnittfläche auf je einen Eisstiel, lege sie auf einen eingeölten Teller und ab damit ins Gefrierfach.

2. Zerbrösele die gefriergetrockneten Beeren mit den Fingern in einer Schale. Lass die Kuchenglasur nach Packungsangabe schmelzen. Überziehe die Bananen mit der Schokolade und bestreue sie mit Pistazienstücken, Beeren und Kokosraspeln. Dann wandern sie wieder ins Gefrierfach, dieses Mal für 1–2 Stunden. Lass sie nicht zu lange drin, sonst gefrieren sie zu fest. Alternativ einfach nur im Kühlschrank kühlen.

Wie hat es dir geschmeckt? ☆☆☆☆☆

Nom-
nom-
nom!

Brookie – Brownie und Cookie

FÜR 15 STÜCKE

Zubereitungszeit: 30 Minuten
Backzeit: 30–35 Minuten
Kühlzeit: über Nacht

FÜR DEN COOKIE-TEIG

100 g weiche Butter
100 g brauner Zucker
2 Prisen Meersalzflocken
1 Ei
200 g Mehl
½ TL Backpulver
2 EL Milch
100 g backfeste Schokodrops

FÜR DEN BROWNIE-TEIG

200 g Zartbitterschokolade
200 g Butter
3 Eier
250 g Zucker
100 g Mehl
30 g Kakaopulver

20 × 20 cm

SO GEHT'S:

1. Schlage für den Cookie-Teig die Butter mit dem braunen Zucker und dem Salz mit dem Handrührgerät in einer Schüssel 3 Minuten cremig. Rühre dann das Ei unter. Siebe Mehl und Backpulver dazu und hebe beides kurz unter. Zum Schluss noch Milch und die Hälfte der Schokodrops unterrühren. Ab in den Kühlschrank mit dem Teig!

2. Heize den Ofen bei Ober-/Unterhitze auf 170 Grad vor und lege eine Backform mit Backpapier aus.

3. Hacke für die Brownie-Masse die Schokolade und lass sie zusammen mit der Butter in einem Topf bei schwacher Hitze unter Rühren schmelzen. Verquirle die Eier mit dem Zucker mit dem Handrührgerät in einer Schüssel, bis sich der Zucker aufgelöst hat. Rühre dann die Butter-Schokoladen-Mischung unter. Siebe Mehl und Kakao dazu, verrühre alles kurz.

4. Fülle zunächst die Brownie-Masse in die Form. Zupfe vom Cookie-Teig Stücke ab, rolle diese zu Kugeln und drücke sie ein bisschen flach. Die Cookies kommen dann auf die Brownie-Schicht. Bestreue das Ganze mit den restlichen Schokodrops und backe den Brookie 30–35 Minuten. Herausholen und über Nacht abkühlen lassen. In Stücke schneiden und fertig.

Wie hat es dir geschmeckt? ☆ ☆ ☆ ☆ ☆

Klein,
aber oho!

FÜR 2 PORTIONEN

Zubereitungszeit: 15 Minuten
Garzeit: ca. 10 Minuten

4 Tortilla-Wraps
250 g Kräuterfrischkäse
70 g geriebener Parmesan
1–2 EL Butter

Frischkäse-Röllchen

SO GEHT'S:

1. Bestreiche die Wraps mit dem Frischkäse, streue den Parmesan darüber und rolle sie fest auf. Schneide die Rollen in 2 cm breite Röllchen.

2. Lass die Butter in einer Pfanne schmelzen und brate die Röllchen darin bei mittlerer Hitze von allen Seiten braun und knusprig an. Gleich ab damit auf die Teller!

Wie hat es dir geschmeckt? ☆ ☆ ☆ ☆ ☆

FÜR 12 STÜCK

Zubereitungszeit: 25 Minuten
Backzeit: 20 Minuten

3 Äpfel

1 Rolle Blätterteig (aus dem Kühlregal)

1 Eigelb

3 EL Zimtzucker

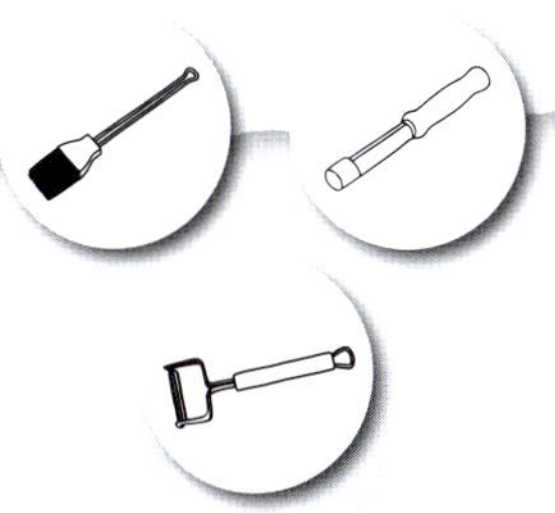

Apfelringe im Blätterteig

SO GEHT'S:

1. Heize den Ofen bei Ober-/Unterhitze auf 180 Grad vor und lege ein Backblech mit Backpapier aus.

2. Schäle die Äpfel und schneide sie in 5 mm dünne Scheiben. Stich das Kerngehäuse mit einem runden Ausstecher aus. Entrolle den Blätterteig und schneide ihn der Breite nach in 1 cm dicke Streifen. Wickle nun die Teigstreifen rund um die Apfelscheiben (immer durch das Loch) und lege die fertig umwickelten Apfelringe auf das Backblech.

3. Verquirle das Eigelb mit einer Gabel in einer Schale und bestreiche den Teig damit. Jetzt kommt noch Zimtzucker darüber, bevor die Apfelringe 20 Minuten gebacken werden.

Wie hat es dir geschmeckt? ☆ ☆ ☆ ☆ ☆

TIPP

Je nachdem, wie trocken die Rührkuchenreste sind, gib zur Cake-Pop-Masse tröpfchenweise Milch dazu, bis sich die Masse gut formen lässt.

»Wir lieben es, aus Kuchen Cake-Pops zu zaubern. Eine tolle Resteverwertung!«

FÜR 20 STÜCK

Zubereitungszeit: 50 Minuten
Kühlzeit: ca. 20 Minuten

300 g Kuchenreste (gekaufter Rührkuchen oder selbst gebacken)
150 g Frischkäse
1 Töpfchen Vollmilch-Kuchenglasur
20 Cake-Pop-Stiele
40 Mandelkerne
50 g weiße Schokolade
50 g Zartbitterschokolade

2x

SO GEHT'S:

1. Zerkrümele die Kuchenreste mit den Fingern in einer Schüssel sehr fein und vermenge sie mit dem Frischkäse.

2. Rolle mit den Händen etwa 20 Kugeln aus der Masse, lege sie auf eine Platte und ab damit für 15 Minuten in den Kühlschrank.

3. Lass dann die Kuchenglasur nach Packungsangabe schmelzen. Tauche je einen Cake-Pop-Stiel nur ein kleines Stück weit in die Glasur und stecke ihn direkt in eine der Kugeln. Lege die Cake Pops zurück auf die Platte und stell die Kugeln noch einmal kurz kalt, bis die Glasur fest ist. Das ist wichtig, damit sie gut an den Stielen halten.

4. Erwärme die restliche Glasur noch einmal und tauche anschließend die Cake Pops ganz ein, bis sie schön davon überzogen sind. Lass sie etwas abtropfen und stelle sie zum Festwerden auf etwas Backpapier. Als Ohren steckst du noch 2 Mandelkerne links und rechts neben das Stäbchen.

5. Lass anschließend die beiden Schokoladensorten separat in zwei kleinen Schalen im Wasserbad bei schwacher Hitze unter Rühren schmelzen. Fülle sie in je einen Spritzbeutel. Verpasse den süßen Teddys damit Augen und Schnauze.

SWEET!

Wie hat es dir geschmeckt? ☆ ☆ ☆ ☆ ☆

FÜR 4–6 PORTIONEN

Zubereitungszeit: 20 Minuten
Kühlzeit: 2–3 Stunden

3 EL Mandelstifte
500 g griechischer Joghurt
1 EL Honig
10 Erdbeeren
3 EL Knuspermüsli

Frozen-Yogurt-Schnitten

SO GEHT'S:

1. Röste die Mandelstifte in einer Pfanne ohne Fett bei mittlerer Hitze etwa 2 Minuten an. Nimm sie vom Herd und lass sie abkühlen.

2. Lege eine Kuchenplatte, die in dein Gefrierfach passt, mit Frischhaltefolie aus. Du kannst aber auch einfach mehrere kleine Teller verwenden.

3. Verrühre Joghurt und Honig mit dem Schneebesen in einer Schüssel und streiche die Mischung etwa 1 cm dick auf die Platte. Wasche die Erdbeeren, tupfe sie trocken und schneide sie in Scheiben (entferne dabei das Grün). Verteile Erdbeeren, Mandelsplitter und Müsli auf der Joghurtschicht und friere das Ganze 2–3 Stunden ein. Nun nur noch in Stücke brechen oder in Schnitten schneiden und vernaschen. GENIAL!

Wie hat es dir geschmeckt? ☆ ☆ ☆ ☆ ☆

Grüne Grusel-Suppe mit Augen

FÜR 4 PORTIONEN

Zubereitungszeit: 20 Minuten
Garzeit: 20 Minuten

1 Zwiebel
1 EL Butter
600 g Tiefkühl-Erbsen
600 ml Gemüsebrühe
Salz, Pfeffer
1 Spritzer Zitronensaft
150 g Mini-Mozzarella-Kugeln
einige schwarze Olivenringe
Paprikapulver zum Bestreuen

SO GEHT'S:

1. Schäle die Zwiebel und schneide sie in Würfel. Lass die Butter in einem Topf schmelzen. Schwitze Zwiebel und Erbsen darin etwa 3 Minuten an. Gieße die Brühe hinzu, koche das Ganze auf und lass es dann bei mittlerer Hitze abgedeckt 15 Minuten köcheln.

2. Sei nun besonders vorsichtig, denn die Suppe ist sehr heiß. Mixe alles direkt im Topf mit dem Pürierstab durch. Würze die Suppe mit Salz, Pfeffer und Zitronensaft und halte sie warm.

3. Drücke für die Gruselaugen in jede Mozzarellakugel einen Olivenring als Pupille. Schöpfe die Suppe in tiefe Teller, gib die »Augen« hinein und bestreue sie mit etwas Paprikapulver.

Wie hat es dir geschmeckt? ☆☆☆☆☆

»Ein richtiger Hingucker auf jeder Halloween-Party!«

FÜR 12 STÜCK

Zubereitungszeit: 35 Minuten
Backzeit: 25 Minuten

FÜR DIE SCHOKO-MUFFINS

2 Eier
150 g weiche Butter + mehr für die Form
1 Prise Salz
120 g Zucker
300 g Mehl
2 TL Backpulver
30 g Kakaopulver
200 ml Milch

FÜR DAS FROSTING-GEHIRN

200 g Frischkäse
200 g Schmand
2 EL Puderzucker
1 Päckchen Sahnesteif
4 EL Himbeerfruchtaufstrich (ohne Stückchen)

SO GEHT'S:

1. Heize den Ofen bei Ober-/Unterhitze auf 180 Grad vor und fette die Mulden des Muffinblechs mit Butter ein oder lege sie mit Papierförmchen aus.

2. Verquirle für die Muffins Eier, Butter, Salz und Zucker mit dem Handrührgerät in einer Schüssel 1 Minute. Siebe Mehl, Backpulver und Kakao dazu, gieße die Milch hinzu und vermische das Ganze auf niedriger Stufe.

3. Fülle den Teig in die Mulden des Blechs und backe die Muffins 25 Minuten. Herausholen und ganz abkühlen lassen.

4. Schlage für das Frosting-Gehirn Frischkäse, Schmand, Puderzucker, Sahnesteif und 2 EL Himbeeraufstrich mit dem Handrührgerät in einer Schüssel kurz auf. Fülle die Creme in einen Spritzbeutel mit kleiner Lochtülle und spritze das »Gehirn« auf die Muffins auf. Dafür in der Mitte zwei gerade Striche direkt nebeneinander spritzen und auf den beiden freien Hälften in kleinen Bögen dicht an dicht die »Hirnmasse« nachbilden.

5. Erhitze den restlichen Himbeeraufstrich in einem kleinen Topf bei schwacher Hitze, rühre ihn mit einer Gabel glatt und träufle ihn als »Blut« über die Creme.

Wie hat es dir geschmeckt? ☆ ☆ ☆ ☆ ☆

Kartoffelfratzen mit Dip

FÜR 2 PORTIONEN

Zubereitungszeit: 25 Minuten
Gar- und Backzeit: 40–45 Minuten

500 g kleine, längliche festkochende Kartoffeln
Salz
3 EL Olivenöl

FÜR DEN DIP

300 g Frischkäse
200 g Joghurt
Salz, Pfeffer
1 Spritzer Zitronensaft
1 Bund Petersilie
4 Stängel Basilikum

SO GEHT'S:

1. Wasche die Kartoffeln gründlich und koche sie in gesalzenem Wasser 20 Minuten. Anschließend gießt du sie in ein Sieb ab und lässt sie 20 Minuten abkühlen.

2. Schneide dann mit einem kleinen Messer Augen, Nase und Mund aus – ähnlich wie beim Kürbisschnitzen: schön gruselig. Heize den Ofen bei Ober-/Unterhitze auf 200 Grad vor und lege ein Backblech mit Backpapier aus.

3. Reibe die Kartoffeln gründlich mit Olivenöl ein (das geht prima mit den Händen) und verteile sie auf dem Blech. Sie kommen für 20 Minuten in den Ofen.

4. Verrühre inzwischen Frischkäse, Joghurt, ½ TL Salz, Pfeffer und Zitronensaft. Wasche die Kräuter, schüttle sie trocken, zupf die Blätter ab und hacke sie klein. Dann kommen sie in den Dip. Serviere ihn zusammen mit den Kartoffelfratzen. BUUH!

Wie hat es dir geschmeckt? ☆ ☆ ☆ ☆ ☆

Unheimliche Brotsticks

FÜR 12 STÜCK

Zubereitungszeit: 35 Minuten
Gehzeit: 40–45 Minuten
Backzeit: 15–20 Minuten

250 g Mehl
1½ TL Trockenhefe
1 TL Salz
2 EL Olivenöl
12 Holzspieße
2–3 entsteinte schwarze Oliven
1 kleine Karotte
2–3 EL Basilikum-Pesto
1 Glas Pizzasauce

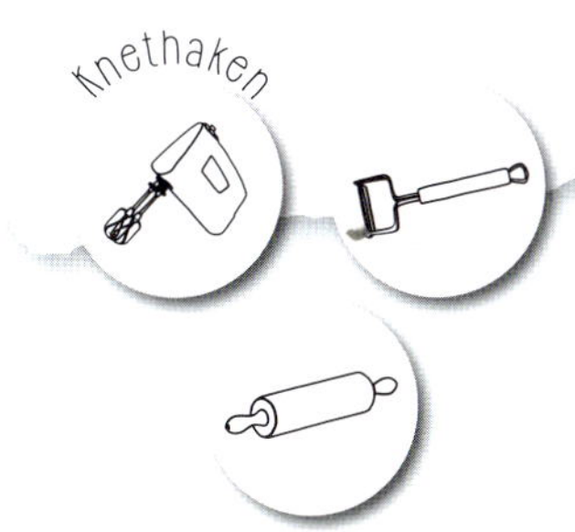

SO GEHT'S:

1. Vermische Mehl, Trockenhefe und Salz in einer Schüssel. Füge das Olivenöl und 150 ml lauwarmes Wasser hinzu und verknete alles mit den Knethaken des Handrührgeräts zu einem glatten Teig. Decke ihn ab und stell den Teig zum Gehen für 30 Minuten an einen warmen Ort.

2. Rolle den Teig dann auf der leicht bemehlten Arbeitsfläche 2 cm dick aus. Schneide ihn in zwölf Streifen und rolle diese mit leichtem Druck zwischen Händen und Arbeitsfläche zu langen Strängen. Lass für die Köpfe ein Ende der »Schlangen« etwas dicker.

3. Schlinge je eine Teigschlange um einen Holzspieß. Schneide die Oliven in kleine Stifte und stecke diese als Augen in die Köpfe. Lege die Schlangen auf ein mit Backpapier belegtes Backblech, decke sie mit einem Küchentuch ab und lass sie noch einmal 10–15 Minuten ruhen.

4. Heize den Ofen bei Ober-/Unterhitze auf 200 Grad vor. Backe die Schlangen dann 15–20 Minuten. Inzwischen kannst du die Karotte schälen und zu kleinen Schlangenzungen zurechtschneiden.

5. Hol die Schlangen aus dem Ofen und lass sie lauwarm abkühlen. Bestreiche sie dann mit Pesto und bringe die Zungen an. Serviere die Schlangen mit der Pizzasauce zum Dippen. TSSSSS!

Wie hat es dir geschmeckt? ☆☆☆☆☆

TIPP

Du kannst den Sirup in jeder Farbe einfärben, die dir gefällt!

Kandierte Gruseläpfel

FÜR 6 STÜCK

Zubereitungszeit: 40 Minuten

6 Äpfel

6 dicke Holzspieße

600 g Zucker

150 g Glukosesirup (online bestellbar oder aus dem Backregal)

2 EL Zitronensaft

rote und blaue Lebensmittelfarbe

SO GEHT'S:

1. Bereite die kandierten Äpfel unbedingt mit der Hilfe eines Erwachsenen zu, denn kochender Zucker ist extrem heiß. Sei also bitte vorsichtig! So, nun geht es aber los: Wasche die Äpfel, entferne die Stiele und stecke an derselben Stelle je einen Holzspieß ein.

2. Erhitze Zucker, 100 ml Wasser und Glukosesirup in einem Topf unter Rühren, bis alles aufkocht. Füge dann den Zitronensaft hinzu und färbe den Sirup mit der Lebensmittelfarbe, bis er schön violett leuchtet. Koche die Mischung bei mittlerer Hitze 20 Minuten, rühre dabei gelegentlich um. Stell den Topf danach auf einen Topfuntersetzer und lass den Sirup etwas abkühlen. Dadurch wird er dickflüssiger und bleibt gut an den Äpfeln haften. Mit einem Esslöffel kannst du testen, wann er ausreichend abgekühlt ist: Ziehe den Löffel durch den Sirup – wenn er dickflüssig und langsam vom Löffel läuft, ist er perfekt zum Verarbeiten.

3. Ziehe die Äpfel durch den Sirup und drehe sie eine Weile über dem Topf, damit die Glasur etwas fest werden kann. Dann stellst du die Äpfel auf ein Stück Backpapier und lässt sie trocknen.

Wie hat es dir geschmeckt? ☆ ☆ ☆ ☆ ☆

FÜR 8 STÜCK

Zubereitungszeit: 25 Minuten
Backzeit: 20 Minuten

1 Rolle Blätterteig (aus dem Kühlregal)
8 kleine Bananen
1 Eigelb
2–3 EL Schoko-Haselnuss-Aufstrich
Puderzucker zum Bestreuen
16 Zuckeraugen

Bananen-Mumien

SO GEHT'S:

1. Heize den Ofen bei Ober-/Unterhitze auf 200 Grad vor und lege ein Backblech mit Backpapier aus.

2. Entrolle den Blätterteig und schneide ihn in schmale Streifen. Schäle die Bananen und umwickle sie mit den Teigstreifen. Leg sie dann auf das Backblech. Verquirle das Eigelb mit der Gabel und bestreiche die Bananen rundum damit. Die Mumien wandern dann 20 Minuten in den Ofen.

3. Erwärme inzwischen den Schokoaufstrich in einem kleinen Topf unter Rühren bei schwacher Hitze, bis er flüssig ist. Bestreue die Mumien mit Puderzucker, träufele den Schokoaufstrich darüber und klebe die Zuckeraugen an. Lauwarm schmecken sie am besten!

Wie hat es dir geschmeckt? ☆☆☆☆☆

Zauberhafte Weihnachten

Wie hat es dir geschmeckt? ☆☆☆☆☆

Bezaubernde Cupcakes

FÜR 12 STÜCK

Zubereitungszeit: 1 Stunde
Backzeit: 25 Minuten

FÜR DIE MUFFINS

12 Muffinpapierförmchen
2 Eier
150 g weiche Butter
1 Prise Salz
100 g Zucker
1 Päckchen Vanillezucker
300 g Mehl
2 TL Backpulver
200 ml Milch

FÜR DIE TOPPER

200 g weiße Kuvertüre
blaue und grüne Lebensmittelfarbe (auf Ölbasis)
12 Cake-Pop-Stiele (oder Holzspieße)
weiße Zuckerstreusel
12 Zuckersterne

FÜR DAS FROSTING

250 g Mascarpone
200 g Schmand
1 Päckchen Sahnesteif
2 EL Puderzucker

SO GEHT'S:

1. Heize den Ofen bei Ober-/Unterhitze auf 180 Grad vor und lege die Mulden eines Muffinblechs mit Papierförmchen aus. Lege auch schon mal ein Backblech mit Backpapier aus, das brauchst du später für die Topper.

2. Verquirle für die Muffins Eier, Butter, Salz, Zucker und Vanillezucker 1 Minute mit dem Handrührgerät in einer Schüssel. Siebe Mehl und Backpulver dazu, gieße die Milch hinzu und vermische alles kurz auf niedrigster Stufe. Jetzt kommt der Teig in die Muffinförmchen und wird 25 Minuten gebacken. Herausholen und ganz abkühlen lassen.

3. Hacke für die Topper die Kuvertüre grob und gib sie in eine hitzebeständige Schüssel. Stell diese in einen Topf, der 2 cm hoch mit Wasser gefüllt ist. Erhitze das Wasser bei mittlerer Hitze auf dem Herd und lass die Kuvertüre unter Rühren schmelzen. Verteile die Kuvertüre auf zwei Schalen und färbe eine blau, die andere grün ein. Fülle sie in je einen Spritzbeutel. Lege einen Cake-Pop-Stiel auf das vorbereitete Blech und zeichne mit der Kuvertüre einen Tannenbaum über das Stäbchen: von links nach rechts und zurück, nach unten hin immer breiter werdend, wie ein Tannenbaum. Dann kommt die Zuckerdeko darauf und an die Tannenspitze kommt ein Stern. Zaubere so zwölf grüne und blaue Bäume, die dann bei Zimmertemperatur fest werden können.

4. Schlage für das Frosting Mascarpone, Schmand, Sahnesteif und Puderzucker mit dem Handrührgerät in einer Schüssel cremig auf. Die Mischung kommt in einen Spritzbeutel mit Sterntülle, dann kannst du sie auf die abgekühlten Muffins mit einzelnen Tupfen dicht an dicht aufspritzen. Stecke je einen Topper auf. TADAAA!

FÜR ETWA 12 STÜCKE

Zubereitungszeit: 30 Minuten
Kühlzeit: 1–2 Stunden

1 gekaufter Schoko-Kastenkuchen
200 g Sahne, gut gekühlt
1 Päckchen Sahnesteif
2 EL Puderzucker
ca. 20 Löffelbiskuits
Puderzucker zum Bestreuen
1–2 EL Zuckerdeko in Weihnachtsoptik

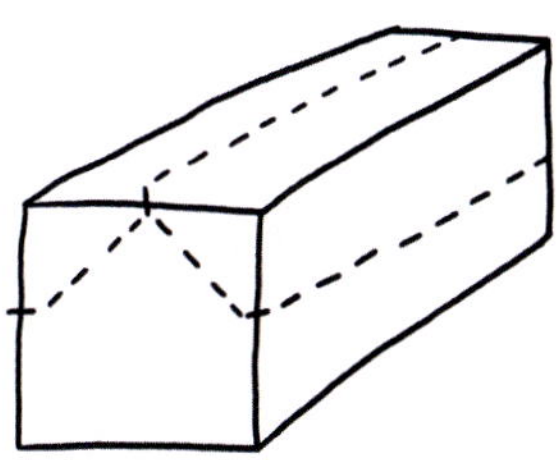

Knusperhäuschen

SO GEHT'S:

1. Markiere die Mitte des Kuchens, indem du sie mit dem Messer der Länge nach auf der Oberfläche einritzt. Nun markierst du auf dieselbe Weise noch an beiden langen Seiten (also links und rechts) der Länge nach die Mitte und schneidest das »Dach« des Häuschens zwischen den Markierungen schräg ab (also von der oberen Mittellinie jeweils zu den Linien an den Längsseiten). Vernasche die abgeschnittenen Kuchenstücke entweder sofort oder zaubere Cake-Pops daraus (siehe Seite 113).

2. Schlage die Sahne mit dem Handrührgerät in einem Mixbecher kurz auf. Lass dann unter Rühren Sahnesteif und Puderzucker einrieseln und schlage weiter, bis die Sahne ganz steif ist.

3. Bestreiche die beiden Schnittflächen des Dachs mit Sahne und klebe die Löffelbiskuits als »Dachlatten« daran fest. Fülle die restliche Sahne in einen Spritzbeutel mit großer Lochtülle und verziere das Knusperhäuschen damit. Streue ein bisschen Puderzucker als Schnee darüber und lass die weihnachtliche Streudeko darüberrieseln. Entweder für 1–2 Stunden kalt stellen oder einfach sofort servieren, wenn du viel zu ungeduldig bist.

Wie hat es dir geschmeckt? ☆ ☆ ☆ ☆ ☆

FÜR 4 PORTIONEN

Zubereitungszeit: 35 Minuten
Kühlzeit: 1 Stunde

- *6–8 Lebkuchen*
- *200 g Sahne*
- *250 g Mascarpone*
- *250 g Magerquark*
- *3 EL Schokostreusel*
- *½ TL gemahlener Zimt*
- *1 Päckchen Vanillezucker*
- *2 EL Zucker*
- *4 große weiße Marshmallows*
- *50 g Vollmilchkuvertüre*
- *4 Zucker- oder Marzipankarotten (fertig gekauft)*

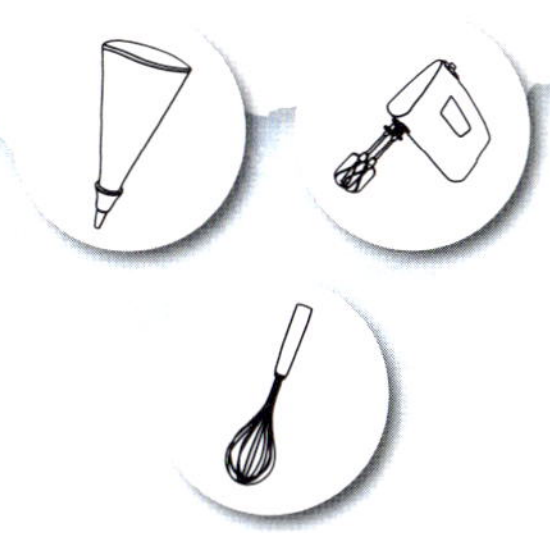

Winterliche Zimtcreme

SO GEHT'S:

1. Zerkleinere die Lebkuchen im Standmixer zu feinen Bröseln. Schlage die Sahne mit dem Handrührgerät in einem Mixbecher steif und fülle sie in einen Spritzbeutel mit großer Lochtülle. Ab damit in den Kühlschrank!

2. Verrühre Mascarpone und Quark mit dem Handrührgerät in einer Schüssel zu einer schönen Creme. Gib Schokostreusel, Zimt, Vanillezucker und Zucker hinzu und hebe alles vorsichtig unter.

3. Fülle nun die Creme abwechselnd mit den Bröseln in vier Dessertgläser. Obenauf solltest du mit Creme abschließen. Spritze nun die Sahne aus dem Spritzbeutel auf die Zimtcreme und setze je 1 Marshmallow darauf. Das Kunstwerk wandert noch einmal für 1 Stunde in den Kühlschrank. SEE YOU!

4. Hacke die Kuvertüre grob und gib sie in eine hitzebeständige Schüssel. Stell diese in einen Topf, der 2 cm hoch mit Wasser gefüllt ist. Erhitze das Wasser bei mittlerer Hitze auf dem Herd und lass die Kuvertüre unter Rühren mit dem Schneebesen schmelzen. Fülle sie in einen Spritzbeutel. Verwandle die Marshmallows damit in Schneemänner: Sie bekommen Augen, Mund, Knöpfe und Arme. Als krönenden Abschluss klebst du dann noch je 1 Karottennase auf den Marshmallow.

Wie hat es dir geschmeckt? ☆ ☆ ☆ ☆ ☆

FÜR 10 STÜCK

Zubereitungszeit: 25 Minuten
Backzeit: 15–20 Minuten

1 Rolle Blätterteig (aus dem Kühlregal)

4–5 EL Basilikum-Pesto

75 g geriebener Parmesan

10 Holzspieße

2–3 dicke Scheiben Käse

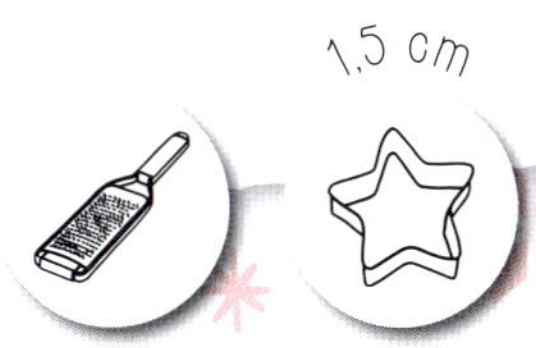

Pesto-Bäumchen

SO GEHT'S:

1. Heize den Ofen bei Ober-/Unterhitze auf 200 Grad vor und lege ein Backblech mit Backpapier aus.

2. Entrolle den Blätterteig und bestreiche ihn mit dem Pesto. Streue den Parmesan darüber. Schneide dann den Blätterteig längs in zehn Streifen. Stecke jeden Streifen abwechselnd von links nach rechts auf einen Spieß, sodass ein Weihnachtsbäumchen entsteht (also zu Beginn breitere Bahnen schwingen und zum Ende ganz kurze). Am oberen Ende sollte der Spieß etwa 1 cm herausschauen.

3. Lege die Blätterteigbäumchen auf das Blech und backe sie 15–20 Minuten. Herausholen und gut abkühlen lassen. Stich kurz vor dem Servieren aus dem Käse Sterne aus und stecke sie auf die Tannenbaumspitzen.

Wie hat es dir geschmeckt? ☆ ☆ ☆ ☆ ☆

SCHMECKT
NACH
WEIHNACHTEN

Spekulatius-Kuchen

FÜR 12 STÜCKE

Zubereitungszeit: 25 Minuten
Backzeit: 45 Minuten

FÜR DEN STREUSELTEIG

200 g Butter + mehr für die Form
400 g Mehl
1 Prise Salz
200 g Zucker
4 TL Spekulatiusgewürz

FÜR DIE FÜLLUNG

400 g Doppelrahmfrischkäse
250 g Magerquark
100 g Zucker
2 Eier
1 Päckchen Vanillepudding-pulver
150 g Sahne
1 Päckchen Vanillezucker

21 cm

SO GEHT'S:

1. Heize den Ofen bei Ober-/Unterhitze auf 180 Grad vor. Bespanne den Boden einer Springform mit Backpapier (siehe Seite 12) und fette den Rand dünn mit Butter ein.

2. Schneide für den Streuselteig die Butter in Würfel und verknete sie mit Mehl, Salz, Zucker und Spekulatiusgewürz mit den Händen in einer Schüssel zu Bröseln. Gib etwas mehr als die Hälfte der Streusel in die Form und forme daraus einen Boden und kleinen Rand.

3. Verrühre für die Füllung alle Zutaten mit dem Schneebesen in einer Schüssel zu einer leckeren Creme. Die kommt auf den Streuselboden. Die restlichen Spekulatius-Streusel toppen das Ganze. Backe den Kuchen 45 Minuten. Lass ihn dann im ausgeschalteten Ofen noch 10 Minuten ruhen.

4. Herausholen und vollständig abkühlen lassen. Dann kannst du den Rand vorsichtig lösen und den Kuchen in Stücke schneiden.

Wie hat es dir geschmeckt? ☆ ☆ ☆ ☆ ☆

Plätzchen als Baumschmuck

FÜR ETWA 50 STÜCK

Zubereitungszeit: 45 Minuten
Kühlzeit: 2 Stunden
Backzeit: je Blech 10–12 Minuten

FÜR DIE PLÄTZCHEN

- 300 g Mehl + mehr zum Arbeiten
- 1 TL gemahlener Zimt
- 200 g kalte Butter
- 100 g Zucker
- 1 Prise Salz
- 1 Päckchen Vanillezucker
- 1 Holzstäbchen
- Schnur oder Bänder zum Aufhängen

FÜR DIE GLASUR

- 250 g Puderzucker
- 2–3 TL Zitronensaft
- Zuckerperlen

SO GEHT'S:

1. Verknete für die Plätzchen Mehl, Zimt, Butter, Zucker, Salz und Vanillezucker in einer Schüssel rasch zu einem Mürbeteig – das geht prima mit den Händen, aber auch in der Küchenmaschine. Forme den Teig zu einer großen Kugel, abdecken und ab damit für 2 Stunden in den Kühlschrank.

2. Hol den Teig etwa 15 Minuten vor dem Verarbeiten wieder heraus. Heize den Ofen bei Ober-/Unterhitze auf 180 Grad vor und lege zwei Backbleche mit Backpapier aus.

3. Rolle den Teig auf der leicht bemehlten Arbeitsfläche 5 mm dünn aus. Dann kommt der lustige Part: Stich mit deinen Lieblingsformen Plätzchen aus (die Teigreste wieder zusammenkneten und erneut ausrollen, ausstechen, bis der Teig aufgebraucht ist). In den oberen Rand der Kekse kommt jeweils ein kleines Loch zum Aufhängen, das kannst du mit einem Holzstäbchen machen. Verteile die Plätzchen auf den Blechen und backe sie nacheinander 10–12 Minuten. Herausholen und auskühlen lassen.

4. Verrühre für die Glasur den Puderzucker mit dem Zitronensaft in einer Schüssel. Fülle die Glasur in einen Spritzbeutel. Verziere die Kekse damit an den Rändern und klebe ein paar Zuckerperlen an. Lass den Guss gut trocknen. Dann kommt jeweils ein Stück Schnur oder ein Band durch das Loch. Enden verknoten und auf zum Weihnachtsbaum! YIPPIE!

Wie hat es dir geschmeckt? ☆ ☆ ☆ ☆ ☆

VIKIS OMA

FÜR 4 PORTIONEN

Zubereitungszeit: 45 Minuten

3 Eier
300 g Mehl
Salz
1 Prise frisch geriebene Muskatnuss
200 ml Milch
1 kleine Zwiebel
1 EL Butter
200 g geriebener Emmentaler
frische Kräuter (z. B. Schnittlauch)

Elisabeths Käsespätzle

SO GEHT'S:

1. Verrühre Eier, Mehl, ½ TL Salz, Muskatnuss und Milch mit dem Kochlöffel in einer Schüssel zu einem mittelfesten Teig. Koche in einem Topf reichlich Wasser auf und salze es kräftig. Anschließend den Teig über dem Wasser durch ein Spätzlesieb streichen. Sobald die Spätzle obenauf schwimmen (nach etwa 5 Minuten), diese mit einer Schaumkelle abschöpfen. Die fertigen Spätzle kommen dann erst mal zur Seite.

2. Schäle und würfle die Zwiebel. Lass die Butter in einer Pfanne schmelzen und brate die Zwiebel darin bei mittlerer Hitze goldbraun an. Gib dann die Spätzle dazu und wende sie in der Butter. Zuletzt noch den Käse unterrühren, bis er Fäden zieht.

3. Wasche die Kräuter, schüttle sie trocken und hacke sie klein. Nun kommen die Spätzle auf Teller und werden mit den Röstzwiebeln und Kräutern garniert serviert.

Wie hat es dir geschmeckt? ☆ ☆ ☆ ☆ ☆

OMAS TIPP

Spätzlewasser aufheben und für Suppe oder Gemüse verwenden!

Wie hat es dir geschmeckt? ☆☆☆☆☆

WILLIS TIPP

Falls du keine Puy-Linsen bekommst, kannst du auch gewöhnliche Berglinsen nehmen – diese aber nicht zu lange vorkochen!

VIKIS PAPA

FÜR 4 PORTIONEN

Zubereitungszeit: 30 Minuten
Gar- und Backzeit:
ca. 1 Stunde 10 Minuten

100 g Puy-Linsen
2 rote Zwiebeln
6 EL Olivenöl
Salz, Pfeffer
2 Birnen
50 g Butter
1 Prise Zucker
3 Zweige Thymian
Saft von ½ Zitrone

Willis knusprige Linsen mit Birne

SO GEHT'S:

1. Heize den Ofen bei Ober-/Unterhitze auf 180 Grad vor. Wasche die Linsen in einem Sieb unter kaltem Wasser gut durch.

2. Dann kommen die Linsen in einen Topf und werden mit frischem Wasser bedeckt, sodass sie nicht mehr rausschauen.. Bringe das Ganze zum Kochen und gare die Linsen etwa 20 Minuten. Sie sollten weich sein, aber dennoch noch etwas Biss haben.

3. Schäle inzwischen die Zwiebeln und schneide sie in je acht Spalten. Vermenge sie mit 3 EL Olivenöl in einer Schüssel, würze sie kräftig mit Salz und Pfeffer und verteile sie in einer Auflaufform. Nun kommen sie für 25–30 Minuten in den Ofen.

4. Wasche inzwischen die Birnen, schneide auch sie in je acht Spalten (dabei entkernen). Erhitze die Butter mit 1 EL Öl in einer Pfanne. Lege die Birnen in die heiß schäumende Butter-Öl-Mischung, bestreue sie mit dem Zucker und lass sie bei mittlerer Hitze von jeder Seite etwa 4 Minuten karamellisieren. Gib die Birnen zu den Zwiebeln in die Form und halte beides warm.

5. Wasche den Thymian und schüttle ihn trocken. Erhitze in der Pfanne die restlichen 2 EL Öl und gib die abgetropften Linsen, etwas Salz, Pfeffer und den Thymian dazu. Das Ganze 15 Minuten braten, bis die Linsen richtig schön knusprig sind. Regelmäßig umrühren nicht vergessen! Die warmen Zwiebeln und Birnen auf einem Teller anrichten, die knusprigen Linsen darüber verteilen und mit Zitronensaft beträufelt servieren. LECKER!

Vikis Mama

Ruths saftiger Mohnkuchen

FÜR 1 KASTENKUCHEN

Zubereitungszeit: 25 Minuten
Backzeit: 50 Minuten

FÜR DEN KUCHEN

Semmelbrösel für die Form

6 Eier

140 g Zucker

180 g Butter + mehr für die Form

40 Puderzucker

½ Päckchen Vanillezucker

180 g gemahlene Walnusskerne

180 g gemahlener Mohn

FÜR DIE GLASUR

4 EL Aprikosenkonfitüre (ohne Stückchen)

Saft von 1 Zitrone

200 g Puderzucker

30x11 cm

SO GEHT'S:

1. Heize den Ofen bei Ober-/Unterhitze auf 170 Grad vor. Fette eine Kastenform mit Butter ein und streue sie mit Semmelbröseln aus.

2. Trenne für den Kuchen die Eier. Schlage Eiweiß und Zucker mit dem Handrührgerät in einer Schüssel zu einem festen Eischnee. Schlage dann Butter, Puderzucker und Vanillezucker in einer anderen Schüssel 3 Minuten cremig auf und füge unter Rühren nach und nach das Eigelb hinzu. Hebe den Eischnee vorsichtig unter, dann gemahlene Walnusskerne und Mohn.

3. Fülle den Teig in die Form und backe ihn 50 Minuten im Ofen. Herausholen und in der Form auskühlen lassen.

4. Stürze den Kuchen aus der Form. Erwärme die Konfitüre unter Rühren bei schwacher Hitze in einem kleinen Topf und bestreiche den Kuchen damit. Verrühre Zitronensaft und Puderzucker und gieße den Guss über den Kuchen. Die Glasur aushärten lassen und den Kuchen genießen.

Wie hat es dir geschmeckt? ☆☆☆☆☆

Wie hat es dir geschmeckt?

Vikis Schwester

FÜR 24 STÜCKE

Zubereitungszeit: 50 Minuten
Backzeit: 1 Stunde 10 Minuten
Kühlzeit: 5 Stunden

FÜR DEN BODEN

70 g Butter
180 g Kakaokekse

FÜR DIE CREME

350 g Zartbitterkuvertüre
600 g Doppelrahmfrischkäse
200 g Zucker
3 Eier
250 g saure Sahne

FÜR DIE GANACHE

120 g Zartbitterkuvertüre
80 g Sahne

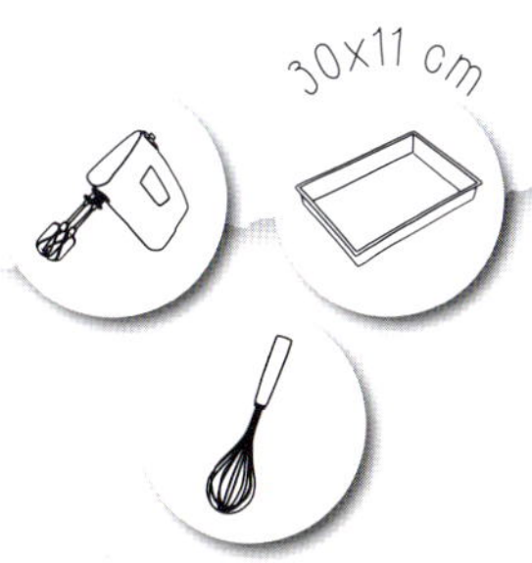

SO GEHT'S:

1. Heize den Ofen bei Ober-/Unterhitze auf 180 Grad vor und lege eine rechteckige Backform mit Backpapier aus.

2. Lass für den Boden die Butter bei schwacher Hitze in einem kleinen Topf schmelzen. Zerbrösle die Kakaokekse mit den Fingern in einer Schüssel möglichst fein und mische die Butter unter. Bedecke mit der Mischung den Boden der Form und drücke sie fest. Ab damit in den Ofen für 10 Minuten.

3. Hacke inzwischen die Kuvertüre für die Creme grob und gib sie in eine hitzebeständige Schüssel. Stell diese in einen Topf, der 2 cm hoch mit Wasser gefüllt ist. Erhitze das Wasser bei mittlerer Hitze auf dem Herd und schmilz die Kuvertüre unter Rühren mit dem Schneebesen. Verrühre Frischkäse und Zucker mit dem Handrührgerät in einer Schüssel und füge unter Rühren nach und nach die Eier hinzu. Gib anschließend die Kuvertüre und die saure Sahne zur Masse und rühre beides unter.

4. Verstreiche nun die schokoladige Creme auf dem Boden und backe das Ganze 1 Stunde. Herausholen, abkühlen lassen und dann noch für 4 Stunden kalt stellen. BRRR!

5. Hacke dann für die Ganache die Kuvertüre grob. Erhitze die Sahne bei mittlerer Hitze in einem kleinen Topf. Nimm sie vom Herd, wenn sie einmal aufgekocht ist, rühre die Kuvertüre ein und lass diese darin 5 Minuten schmelzen. Anschließend mit einem Schneebesen glatt rühren.

6. Gieße die Ganache als oberste Schicht in die Form, die dann noch mal für etwa 1 Stunde in den Kühlschrank wandert. Den Kuchen in 24 Würfel schneiden und schmecken lassen!

CREAMY, CRUNCHY, LECKER – SUMMARY

Welches Rezept hast du als Erstes aus dem Buch ausprobiert?

Seite

Welches Gericht war die größte Herausforderung?

Seite

An welches Rezept aus dem Buch traust du dich nicht ohne Hilfe ran?

Seite

Was ist dein absoluter Favorit und hast du schon öfter als 3 Mal gemacht?

Seite

Hast du mehr salzige oder süße Kreationen nachgekocht?

TOP 3 – die leckersten Gerichte aus diesem Kochbuch

1

2

3

Du hast etwas

NACHGEBACKEN ODER -GEKOCHT?

Mach unbedingt ein Foto, druck es aus und klebe es hier ein.

GLOSSAR

Du findest bei jedem Rezept in den Kreisen kleine Illustrationen, die dir zeigen, welche Küchengeräte du noch zusätzlich benötigst. Damit du dich schnell zurechtfindest, erklären wir dir hier die Symbole:

Rührgerät

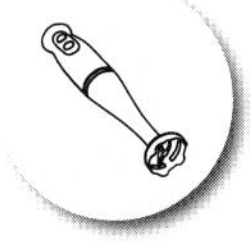
Stabmixer

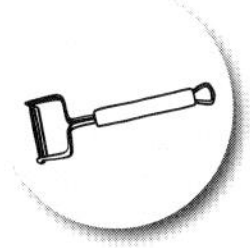
Schäler

Flache Reibe

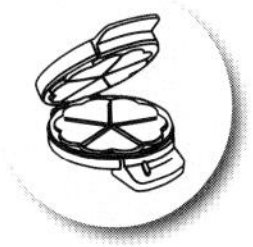
Waffeleisen

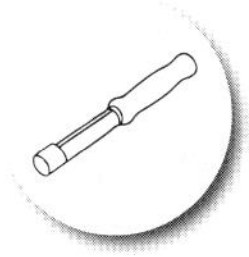
Apfelstecher

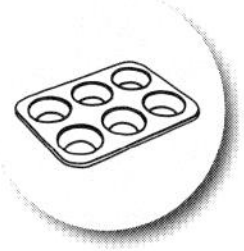
Muffinform

Backpinsel

quadratische Backform

Schneebesen

Marmeladenglas

Spätzlesieb

Auflaufform

Standmixer

Schaumkelle

Nudelholz

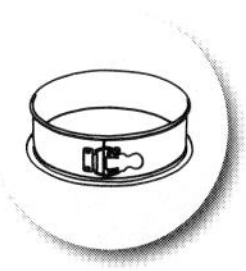
Springform

Palette zum Bestreichen der Torten

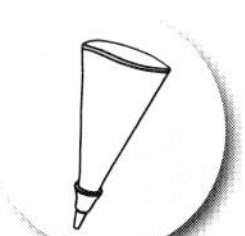
Spritzbeutel

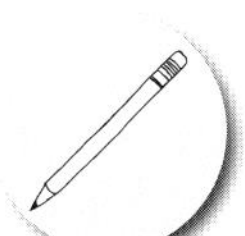
Bleistift

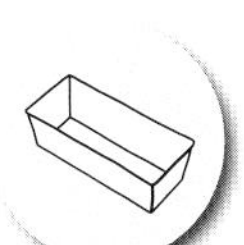
Kastenform

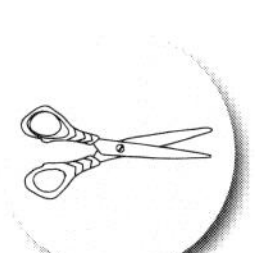
Schere

Ausstechformen

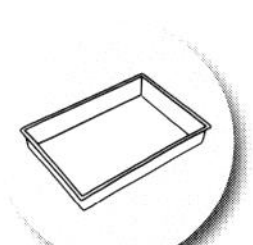
rechteckige Backform

Verrückte Essenskombinationen

Was davon hast du schon probiert? Bewerte es mit Sternen von 1 bis 5!

Wenn du dich erst mal traust, findest du vielleicht deinen neuen Lieblingssnack.

Vielleicht aber auch dein neues Hassgericht. Einfach mal ausprobieren :)

MANGO MIT CHILIFLOCKEN, eine Prise Salz und einen Spritzer Limettensaft dazu. Köstlich oder ungenießbar? ☆ ☆ ☆ ☆ ☆

GEWÜRZGURKEN AUF ERDNUSSBUTTERBROT. Hört sich komisch an, schmeckt aber vielleicht?! ☆ ☆ ☆ ☆ ☆

VANILLEEIS MIT KÜRBISKERNÖL. In Österreich ist das eine gar nicht so unbekannte Kombi. ☆ ☆ ☆ ☆ ☆

ERDBEEREN MIT BALSAMICO-CREME. Kann das schmecken? ☆ ☆ ☆ ☆ ☆

Schon mal **TOAST HAWAII** probiert? Funktioniert ganz einfach: Lege eine Ananasscheibe in die Mitte eines Käsetoasts, bevor du ihn überbäckst – fertig. ☆ ☆ ☆ ☆ ☆

Salzige **CHIPS MIT SCHOKO-HASELNUSS-AUFSTRICH**. ☆ ☆ ☆ ☆ ☆

»Wir lieben es und sind davon selbst überrascht! :D«

Entweder oder?

Wofür entscheidest du dich? Kreise ein!

MUFFIN oder DONUT

ZU HAUSE ESSEN oder IM RESTAURANT ESSEN

NUDELN MIT TOMATENSAUCE oder NUDELN MIT SAHNESAUCE

TEE oder KAKAO

SUPPE oder SALAT

LASAGNE oder TORTELLINI

SÜßES FRÜHSTÜCK oder HERZHAFTES FRÜHSTÜCK

SELBST KOCHEN oder BEKOCHT WERDEN

COLA oder FANTA

VANILLE oder SCHOKO

MAYO oder KETCHUP

POPCORN oder NACHOS

Top 5 deiner liebsten Obstsorten

1 ....

2 ....

3 ....

4 ....

5 ....

Top 5 der besten Restaurants/Cafés

1 ....

2 ....

3 ....

4 ....

5 ....

Top 5 der Süßigkeiten, die du für immer liebst!

1 ________________

2 ________________

3 ________________

4 ________________

5 ________________

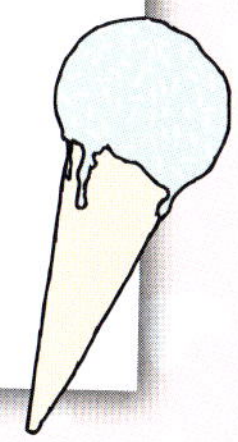

Top 5 der Koch- und Backbücher, auf die du nie mehr verzichten möchtest

1 ________________

2 ________________

3 ________________

4 ________________

5 ________________

Was davon hast du schon zubereitet?

Eigenes Brot selbst gebacken JA NEIN

Kaiserschmarren JA NEIN

Eistee selbst gemacht JA NEIN

Marmelade gekocht JA NEIN

gefüllte Paprikaschoten JA NEIN

hübsch verzierte Cupcakes JA NEIN

Milchreis JA NEIN

hausgemachte Pizza JA NEIN

Was davon hast du schon gegessen?

Tacos (Fast-Food-Gericht der mexikanischen Küche) JA NEIN

Falafel (frittierte Kichererbsenbällchen) JA NEIN

Ramen (eine traditionelle japanische Nudelsuppe) JA NEIN

Käsespätzle JA NEIN

Piroggen (gefüllte Teigtaschen aus Polen) JA NEIN

Flammkuchen JA NEIN

Açai-Bowl JA NEIN

Käsefondue JA NEIN

Sticky Rice (ein Dessert oder Frühstück aus Thailand) JA NEIN

BFF-Battles in der Küche

Neben den leckeren Rezepten aus dem Kapitel »Gemeinsam Kochen« könnt ihr auch in kleinen Challenges und Battles gegeneinander antreten. Auf die Plätze, fertig, los!

	1. PLATZ	2. PLATZ
Sahne mit einem Schneebesen per Hand aufschlagen. Wer ist schneller?		
Einen Apfel in einem ganzen Stück abschälen. Wessen Schlange ist länger?		
Königsdisziplin: Eier mit nur einer Hand öffnen. Wer schafft es ohne Schale in der Schüssel?		

	1. PLATZ	2. PLATZ
Gewürze erraten: Augen verbinden und los geht's. Manche kann man vielleicht gleich am Geruch erkennen und andere muss man probieren. Wer hat wie viele richtig erraten?		
Spaghetti mit dem Mund aufsaugen. Wessen Nudel ist schneller im Mund verschwunden?		
Wettessen: Wer kann ein ungetoastetes Toastbrot schneller aufessen?		

»Achtung! Kaut gut, um euch nicht zu verschlucken!«

FÜR

Backzeit:

Ofentemperatur:

SO GEHT'S:

Wie hat es dir geschmeckt? ☆ ☆ ☆ ☆ ☆

FÜR

Backzeit:

Ofentemperatur:

SO GEHT'S:

Wie hat es dir geschmeckt? ☆☆☆☆☆

FÜR

Backzeit:

Ofentemperatur:

SO GEHT'S:

Wie hat es dir geschmeckt? ☆ ☆ ☆ ☆ ☆

FÜR

Backzeit:

Ofentemperatur:

SO GEHT'S:

Wie hat es dir geschmeckt? ☆ ☆ ☆ ☆ ☆

IMPRESSUM

Creamy, crunchy, lecker

FSC MIX Papier | Fördert gute Waldnutzung FSC® C109273 www.fsc.org

Klimaneutral Druckprodukt ClimatePartner.com/20273-2305-1006

1. Auflage

Weyerstraße 88–90
50676 Köln

Texte: ViktoriaSarina
Projektleitung & Redaktion: Jessica Kleppel und Sarah Guira
Redaktionelle Unterstützung: Susann Kreihe
Lektorat: Franziska Sorgenfrei
Layout, Design, Illustrationen & Satz: © BUCH & DESIGN Vanessa Weuffel
Fotos: Katrin Winner, außer Autor*innensticker: Hannes Loske
Foodstyling: Gerlinde Hans
Gesetzt aus der Hipsterish Pro © Hello I'm Flo, DK Innuendo © David Kerkhoff
und der Fedra Serif © Peter Bil'ak.

Das Werk wurde vermittelt von Studio71.

Gesamtherstellung: Community Editions GmbH

ISBN 978-3-96096-307-3

Printed in Poland

www.community-editions.de